Inhalt

Gesellschaft

Natur

Natur

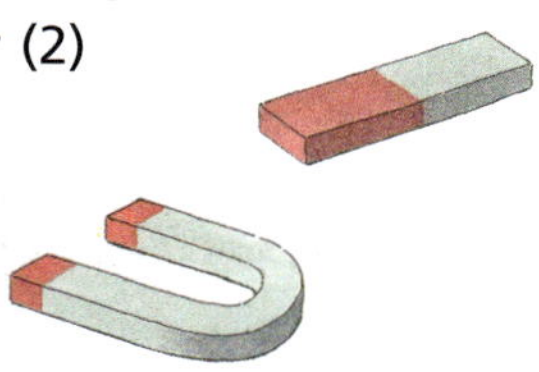

Technik

Raum

Zeit

R9
R10
R6
Propeller
bauen.
Ein Haus
bauen
R1
R2
W

R11
R12
R7
Die Amsel
Die Amsel
Das Männchen ist schwarz
Amseln fressen: Würmer, Früchte,
Die Meise
brütet in Baumhöhlen, Nistkästen, Briefkästen,
Die Meise
R8
Das Amsel-männchen ist
R3
11:45
R4
R5

In der Schule

1 Suche die Bilder in den Kreisen auf Seite 4 und 5.
Male die Bilder wie auf Seite 4 und 5 aus.

Raum

Raum

Raum

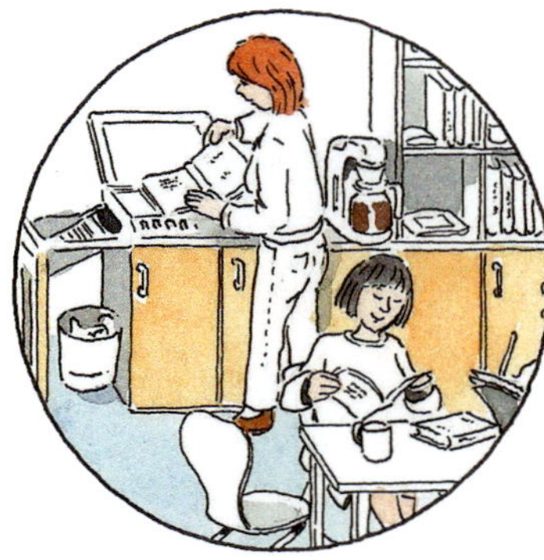

Raum

Raum

Raum

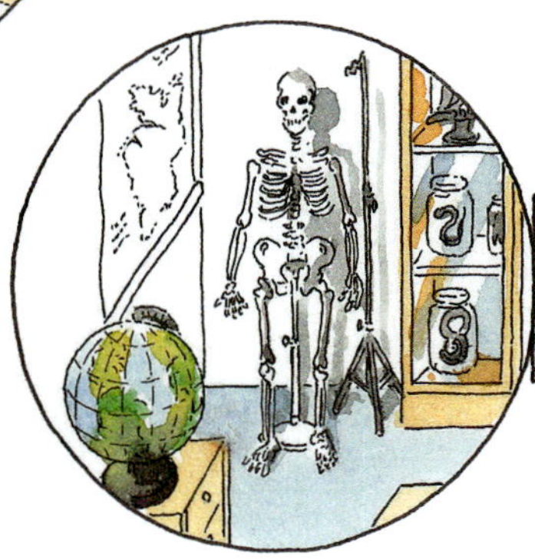

Raum

Raum

2 Schreibe in die Schilder die Nummern der Räume.

Ich und du (1)

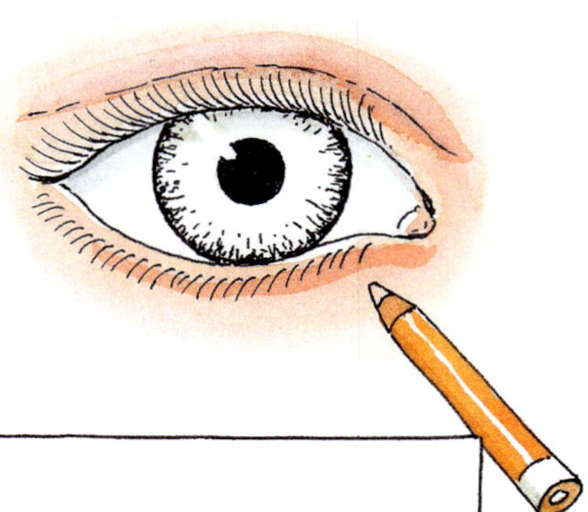

oben: Die Kinder beschreiben die unterschiedlichen Aktivitäten im Klassenraum. Mitte: Ein Passfoto kann links eingeklebt werden, in das Namensschild wird der Name eingetragen; das Auge wird mit der eigenenen Augenfarbe angemalt.
unten: Die Körpergröße eintragen, Daumenabdruck machen; Kopf mit eigener Frisur und Haarfarbe ergänzen.
○ Lernsoftware: Nr. 50, 51

Ich und du (2)

oben: Im oberen Feld können alle Kinder der Klasse unterschreiben; ein Foto der Klasse kann mit einem Tesastreifen am oberen Rand befestigt werden, so dass die Unterschriften jederzeit sichtbar bleiben.

unten: Ein Foto des ersten Schultages (Familienfoto) wird ebenso mit einem Klebestreifen am oberen Rand befestigt; in dem Feld kann jeder unterschreiben, der beim ersten Schultag dabei war (Oma, Opa, Vater...).

In der Familie

In einer Familie gibt es viele Aufgaben. Alle sollten mithelfen.

1 Spielt die Geschichte nach.

2 Vergleicht sie mit eurem Zuhause.

Arbeiten zu Hause

1. Welche Arbeiten müssen bei euch zu Hause erledigt werden? Schreibe eine Liste.
2. Überlege, welche Aufgaben du übernehmen kannst. Kreuze sie auf deiner Liste an.

Aufgaben in der Familie

1 Schreibe die Wörter unter die richtigen Bilder:
aufräumen – ausräumen (Spülmaschine) – bügeln – einkaufen – einräumen (Spülmaschine) – füttern – gießen – kochen – nähen – putzen – Staub saugen – waschen.

2 Male an, welche Aufgaben du übernehmen würdest.

Richtiges Verhalten in der Schule (1)

1. Finde diese Ausschnitte im großen Bild.
2. Kreuze an, wie das Verhalten der Kinder ist: 😊 = Das Verhalten ist sehr gut.
   😐 = Das Verhalten ist in Ordnung. ☹ = Das Verhalten ist falsch.

○ Lernsoftware: Nr. 52

Richtiges Verhalten in der Schule (2)

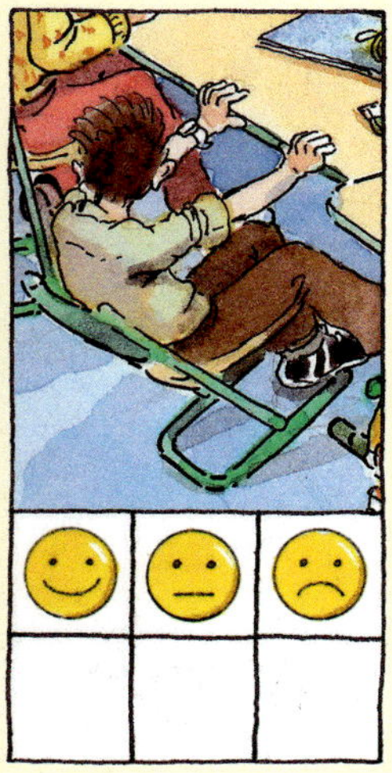

Lernsoftware: Nr. 52

Verhalten auf dem Schulhof (1)

Einzelszenen beschreiben und im Bild aufsuchen.
Zum Verhalten der Kinder Stellung nehmen.
Vermutungen über die Weiterentwicklung einzelner Szenen anstellen.

Verhalten auf dem Schulhof (2)

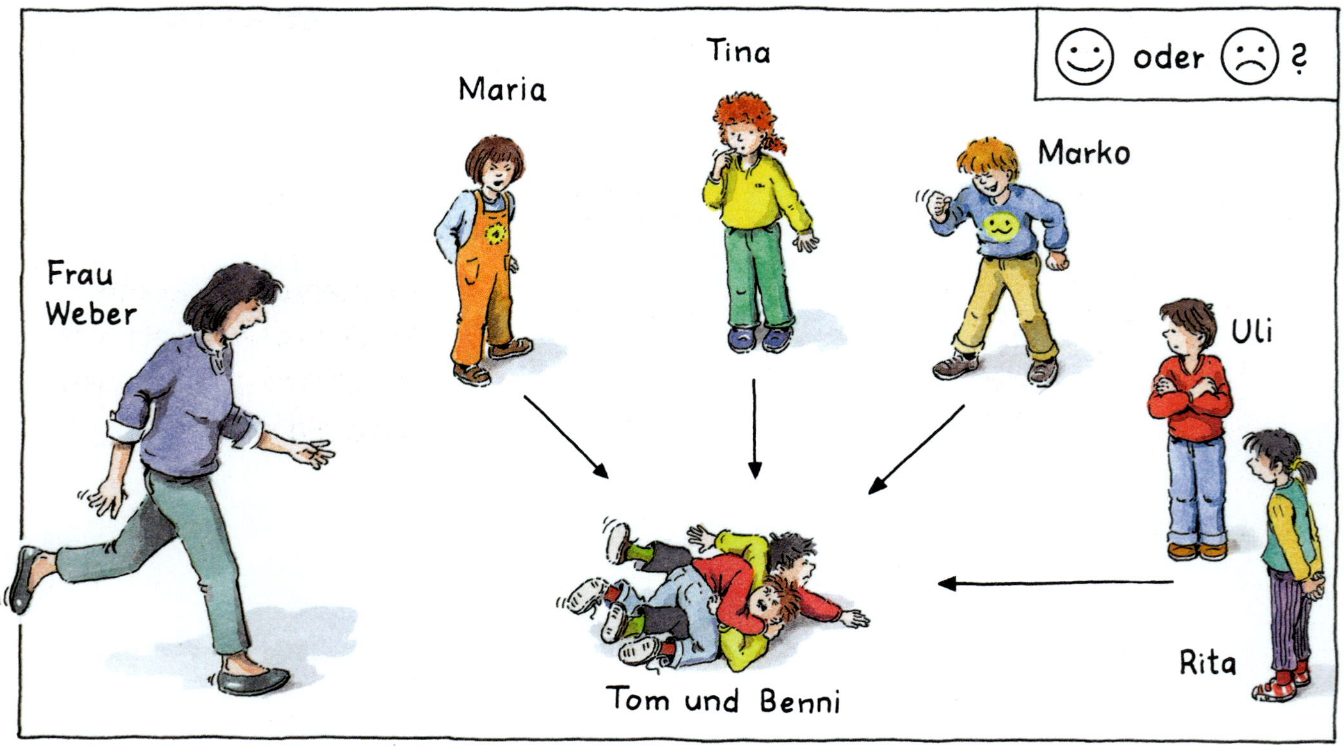

1. Finde diese Ausschnitte im großen Bild. Kreuze an, wie das Verhalten der Kinder ist: ☺ = Das Verhalten ist sehr gut. 😐 = Das Verhalten ist in Ordnung. ☹ = Das Verhalten ist falsch.
2. Das unterschiedliche Verhalten zu Aggressionen beschreiben und bewerten. Anschließend das richtige Verhalten formulieren.

Gemeinsam leben und arbeiten (1)

Anna, Lukas, Eda, Tim, Maria und Paul sitzen an ihrem Gruppentisch. Sie arbeiten, nur Paul stört die anderen.

Anna geht zur Lehrerin und beschwert sich.

Die Lehrerin und alle Kinder versammeln sich im Sitzkreis und suchen nach einer Lösung.

Gemeinsam leben und arbeiten (2)

Die Klasse will eine Regel finden, die hilft, dass niemand die anderen Kinder beim Arbeiten stört. Sie schreiben Vorschläge auf.

Die Vorschläge werden an der Tafel gesammelt. Alle Kinder stimmen ab, welchen Satz sie als Regel wählen.

1. Welchen Vorschlag haben die Kinder gewählt? Markiere ihn durch ein kleines Kreuz.
2. Findet eigene Klassenregeln.
3. Überlegt, was passieren soll, wenn sich jemand von euch nicht an die Klassenregeln hält.

Wir stimmen ab (1)

Wir stimmen ab (2)

Die Kinder stimmen über das Spiel ab. Jeder darf frei entscheiden. Jeder hat eine Stimme. Jede Stimme ist gleich viel wert. So ist die Abstimmung gerecht. Olaf will nicht spielen, was die meisten Kinder gewählt haben.

1. Findest du es richtig, was Olafs Freund sagt? Begründe deine Meinung.
2. Wie soll Olaf sich jetzt verhalten?

Wenn in einer Gruppe abgestimmt wird, gilt für alle, was die meisten wollen. Wer überstimmt wird, muss die Entscheidung der Mehrheit anerkennen.

3. Wie sollen die anderen sich jetzt verhalten?

Die Lehrerin macht einen Vorschlag, wie das Problem gelöst werden könnte.

4. Was könnte die Lehrerin vorschlagen?
5. Spielt die Geschichte in Rollenspielen mit unterschiedlichem Ende.
6. Bei welchen Gelegenheiten wird bei euch etwas mit einer Abstimmung entschieden?

Was mache ich, wenn ich wütend bin?

- ○ schimpfen
- ○ etwas kaputtmachen
- ○ treten
- ○ mit dem Fuß aufstampfen und trampeln
- ○ zuschlagen
- ○ toben
- ○ schreien
- ○ erst mal an was anderes denken
- ○ vor Wut platzen
- ○ leise bis zehn zählen
- ○ Türen zuknallen
- ○ heulen
- ○ die Fäuste ballen
- ○ sich rächen
- ○ ganz traurig werden

1. Was machst du, wenn du wütend bist? Kreuze an.
2. Was darf nicht passieren? Streiche diese Zettel durch.
3. Was tust du, wenn du dich wieder beruhigt hast?
4. Hast du versucht, den Grund für deine Wut zu finden oder zu beseitigen?

Marie, Kathrin und Ercan spielen in der Pause Seilspringen. Nico kommt dazu. Oh je, ob das gut ausgeht?

Da hebt Marie die Hand und ruft laut: **STOPP**!
Nico bleibt stehen und hört augenblicklich auf.

1. Spielt die Springseil-Geschichte und übt die STOPP-Regel!
2. Erfindet eigene Geschichten und übt!
3. Denkt euch auch Situationen aus, in denen die STOPP-Regel nicht gilt.
4. Besprecht, ob ihr auch die STOPP-Regel in eure Klassenregeln aufnehmen wollt.

Danach muss jede Belästigung aufhören.

1 Kreise den Buchstaben vor dem passenden Satz ein.

2 Trage die eingekreisten Buchstaben in die farbigen Felder neben dem letzten Bild ein.

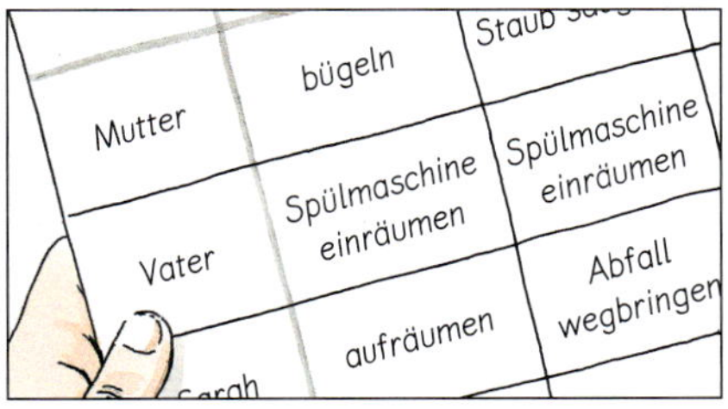

(t) Das sind Papas Aufgaben im Haushalt.
(f) Sarah hat nichts zu tun.
(i) Jeder hilft im Haushalt mit.

(s) Paul arbeitet ruhig an seinem Platz.
(h) Paul stört die anderen Kinder.
(k) Die Mädchen ärgern Paul.

(p) Das Mädchen will den Jungen schlagen.
(t) Der Junge hält sich an die Stopp-Regel.
(r) Die Stopp-Regel gilt hier nicht.

(a) Der Junge will den Streit beenden.
(l) Der Junge ruft die Lehrerin.
(f) Der Junge feuert die Kämpfenden an.

(l) Die Kinder besprechen die Amsel.
(u) Die Kinder sprechen über Amsel und Meise.
(v) Die Kinder sprechen über Hausbau.

Ein Kind _ _ _ _ _ dem anderen.

↑54/55

↓90/91

112/
113
→

Im Garten

1 Suche die Bildausschnitte auf Seite 22 und 23.
Male die Bilder wie auf Seite 22 und 23 aus.

2 Ordne die Nummern den Bildausschnitten zu.

(1) Amsel 
(2) Eule 
(3) Kanne 
(4) Ente 
(5) Blumen 
(6) Ball 
(7) Igel 
(8) Gemüse 
(9) Katze 

Das Kaninchen (1)

Das frisst ein Kaninchen:

1 Kreuze an, welches Futter im Garten oder auf der Wiese wächst.

2 Male das Kaninchen an.

Das Kaninchen (2)

Das braucht ein Kaninchen.

1 Kreuze an, was im Käfig vorhanden ist.

◯ Trinkflasche 

◯ Futternapf 

◯ Trockenfutter 

◯ Zweige 

◯ Möhre 

◯ Heuraufe 

◯ Heu 

◯ Kleintierstreu 

So musst du dich um dein Kaninchen kümmern.

2 Erzähle zu den Bildern.

Lernsoftware: Nr. 6

Katzen sind Einzelgänger und sehr selbstständig. Sie leben mit dem Menschen zusammen, brauchen ihn aber nicht.
Katzen haben scharfe Krallen, die sie ausfahren können. Sie nutzen sie zur Jagd, zum Kampf oder zum Klettern.
Katzen pflegen ihr Fell selbst: Sie putzen sich täglich bis zu drei Stunden.

Katzen können nicht erzogen werden.

Katzen schlafen jeden Tag etwa 15 Stunden. Erst in der Dämmerung werden sie wach und aktiv.

Hunde sind Rudeltiere. Sie schließen sich eng an den Menschen an und sind auf ihn angewiesen.
Hunde können die Krallen an ihren Pfoten nicht ausfahren.
Das Fell des Hundes muss mit einer Bürste regelmäßig gepflegt werden.
Hunde müssen erzogen werden. Daher gehen viele Hundehalter mit ihren Tieren in eine Hundeschule oder auf einen Übungsplatz für Hunde.
Hunde sind sehr aktiv und brauchen viel Bewegung. Sie müssen jeden Tag ausgeführt und beschäftigt werden.

1 Lies die Texte von Hund und Katze. Vergleiche Katze und Hund. Unterstreiche die Unterschiede im Text mit verschiedenen Farben.

Katze und Hund (2)

(1) Was braucht eine Katze? Was braucht ein Hund?
Male die richtigen Kreise mit Blau für die Katze und Rot für den Hund aus.

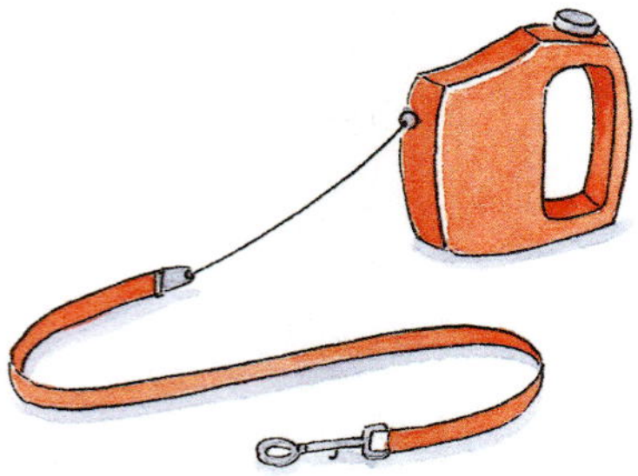

(2) Hunde können verschiedene Aufgaben erfüllen. Trage die Namen richtig ein:
Blindenhund – Hütehund – Spürhund – Wachhund.

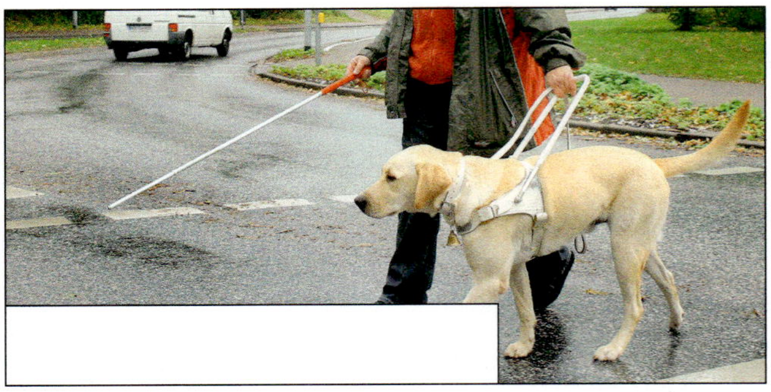

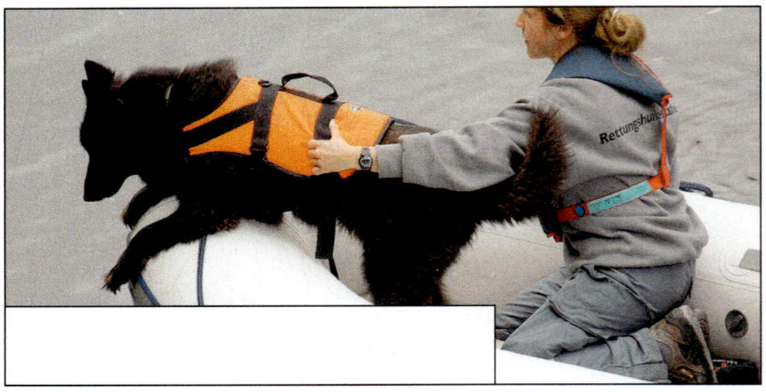

Lernsoftware: Nr. 1, 6

Tiere und Pflanzen im Garten (1)

(1) Suche die Tiere im Bild und kreise sie ein.

(2) Male die Tiere an.

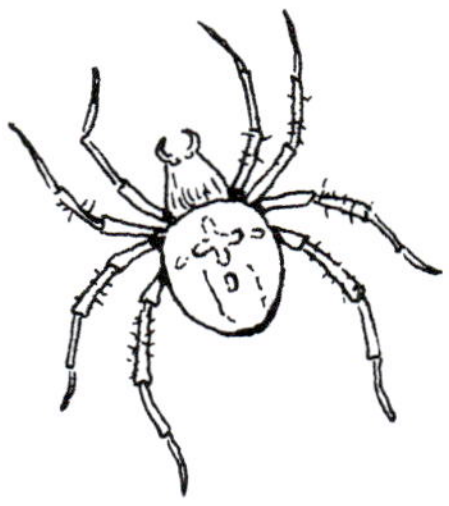

(3) Male die Blumen im Kübel an.

(4) Nenne die Namen der Frühblüher ①, ②, ③ und ④.

Im Herbst

Im Frühling

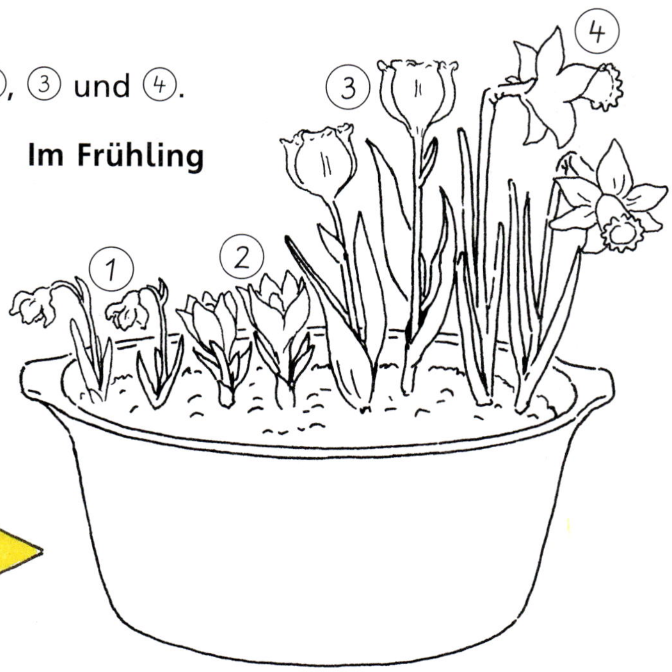

Tiere und Pflanzen im Garten (2)

1 Male die Pflanzen und Tiere an.

2 Nenne die Namen der Tiere ①, ②, ③, ④ und der Blume ⑤.

① *Blaumeise*

② *Schmetterling*

⑤ *Sonnenblume*

③ *Igel*

④ *Amsel*

3 Suche die Tiere im Bild auf Seite 29 und kreise sie ein.

Zum Ausmalen der Pflanzen und Tiere werden die Posterseiten 22 und 23 zur Hilfe genommen.

Lernsoftware: Nr. 2

Amsel und Kohlmeise (1)

Steckbrief

Name: Amsel

Aussehen: Männchen schwarz mit gelbem Schnabel; Weibchen braun mit schwarzem Schnabel; bis zu 25 cm lang

Lebensraum: Gärten, Parks, Wälder

Entwicklung: Baum-, Strauchbrüter, 3 bis 5 Eier

Nahrung: Würmer, Käfer, Ameisen, kleine Spinnen, Früchte

Besonderheit: Männchen und Weibchen unterscheiden sich deutlich

Steckbrief

Name: Kohlmeise

Aussehen: gelbe Brust mit schwarzem Streifen; bis zu 14 cm lang

Lebensraum: Gärten, Parks, Wälder

Entwicklung: Höhlenbrüter, 6 bis 8 Eier

Nahrung: Insekten, Raupen, kleine Spinnen, Samen, Früchte

Besonderheit: Männchen und Weibchen unterscheiden sich kaum

(1) Lies die beiden Steckbriefe. Notiere, was beide Vogelarten fressen.

____

(2) Unterstreiche in den Steckbriefen, worin sich Amsel und Kohlmeise unterscheiden.

Amsel und Kohlmeise (2)

(1) Betrachte die Abbildungen der Vögel genau. Male die Vögel richtig an.

(2) Beschrifte die Vögel mit den richtigen Namen: **Amsel – Kohlmeise.**

(3) Kennzeichne das Amselmännchen mit einem „M“,
das Amselweibchen mit einem „W“.

(4) Welche Aussagen gehören zur Kohlmeise, welche zur Amsel.
Ordne mit Strichen zu.

Männchen und Weibchen sind kaum zu unterscheiden

Höhlenbrüter

Baum- und Strauchbrüter

Legen drei bis fünf Eier

Legen sechs bis acht Eier

Lernsoftware: Nr. 3, 4, 5, 6

Pflanzen für den Klassenraum

Die einzelnen Schritte der Ablegervermehrung besprechen.

Lernsoftware: Nr. 17

Wir pflegen Zimmerpflanzen

oben: Der Pflegeplan der Pflanzen wird besprochen. Die Kinder zeichnen einfache Symbole in den Plan auf der Tafel ein.
Mitte: Die Kinder bearbeiten die Ausmalbilder von Grünlilie und Buntnessel.
unten: Die Kinder zeichnen ein Blatt einer Grünlilie und einer Buntnessel.
○ Lernsoftware: Nr. 17

Der Löwenzahn (1)

Im April und Mai sehen viele Wiesen gelb aus. Der Löwenzahn blüht.

Die langen gezackten Blätter des Löwenzahns bilden einen Kreis. Aus der Mitte wachsen die Stängel mit den gelben Blüten.
Aus den Blüten entstehen später die Pusteblumen. Sie bestehen aus vielen Samen, die vom Wind weggetragen werden.

Der Löwenzahn hat eine lange Pfahlwurzel. Mit ihr nimmt er Wasser und Nährstoffe aus der Erde auf.

Der Löwenzahn wird gern von Weidetieren gefressen. Darum heißt er auch Kuhblume.

1. Unterstreiche im Text die Teile des Löwenzahns.
2. Beschreibe, wie der Löwenzahn aussieht.

Der Löwenzahn (2)

(1) Zeichne die Blätter nach und male die Pflanze in den richtigen Farben an.

(2) Beschrifte die Teile der Pflanze:
Blatt – Blüte – Pusteblume – Stängel – Wurzel.

(3) Lies die Sätze. Schreibe die Schüttelwörter richtig auf.

Der Löwenzahn blüht im | R Ü F L H N I G | ____________.

Der Löwenzahn blüht | L E G B | ______.

Aus den Blüten entstehen die | U N P T S L E U B E M | ________________.

Die Pusteblume besteht aus vielen kleinen | A S M E N | _______.

Die Samen werden vom | D I N W | ______ weggepustet.

Die Blätter sehen aus wie die Zähne eines | Ö L E W N | _______.

Lernsoftware: Nr. 7, 17

Das Sträucherbuch

(1) Schneide die beiden Doppelseiten auf dieser Seite aus.

(2) Falte die Doppelseiten entlang der Linie und lege sie zusammen. Du hast es richtig gemacht, wenn die Seitenzahlen (1) bis (8) in der richtigen Reihenfolge sind.

(8)

(1)

(6)

Haselnuss

(3)

Blüte der Rose

Hagebutte

(Falten)

Das Sträucherbuch

(2)

Rose

(7)

Männliche Blüte

Weibliche Blüte

Haselnuss

(4)

Holunder

(5)

Holunderblüte

Holunderbeeren

(Falten)

Sträucher und ihre Früchte (1)

Weißdorn

Haselnuss

Holunder

Brombeere

Schlehe

Heckenrose

Neben Bäumen wachsen bei uns auch viele Sträucher. Am leichtesten sind sie im Herbst an ihren Früchten zu erkennen.

Im Herbst und Winter sind die Früchte eine wichtige Nahrung für die Tiere.

(1) Nenne die Namen der Sträucher.

Die Früchte von vielen Sträuchern sind für Menschen ungenießbar oder giftig. An der Farbe der Früchte kannst du nicht erkennen, ob sie giftig sind oder nicht. Es gilt immer die Regel: Was ich nicht genau kenne, esse ich nicht!

Sträucher und ihre Früchte (2)

1 Schreibe die Namen unter die richtige Blüte. Die Seiten 41–43 helfen dir.

2 Male die Früchte richtig an und schneide die Texte am Rand aus. Ordne sie richtig zu und klebe sie auf.

D Die Blüten sind unterschiedlich.

C Die Blüten sind weiß, die Früchte sind schwarz.

B Die Blüten sind rosa, die Früchte sind rot.

A Die Blüten sind weiß, die Früchte sind rot.

Blüte	Frucht	Blatt
	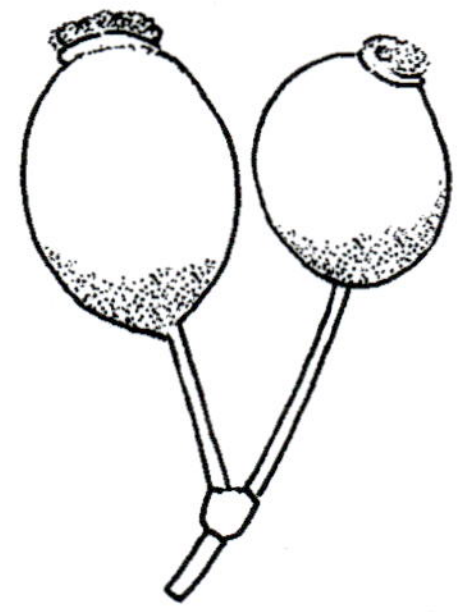	

Blüte	Frucht	Blatt
	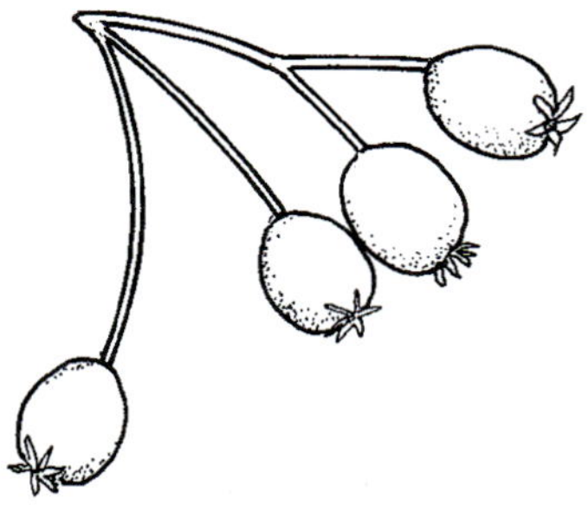	

Weibliche Blüte / Männliche Blüte	Frucht	Blatt
	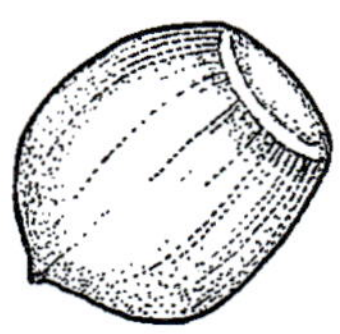	

Blüte	Frucht	Blatt
	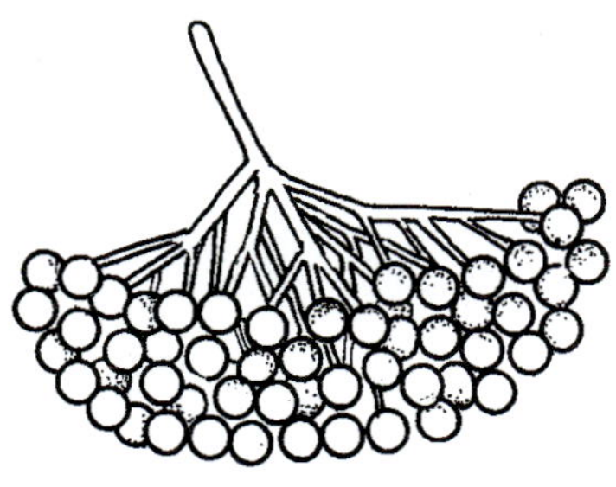	

Lernsoftware: Nr. 8, 9, 10, 17

Das Eichhörnchen (1)

Eichhörnchen haben einen langen Schwanz.

Eichhörnchen können gut klettern.

Eichhörnchen haben scharfe Zähne.

Eichhörnchen vergraben Futter.

Eichhörnchen bauen Nester.
Die Nester heißen Kobel.

Eichhörnchen schlafen im Winter.
Wenn sie Hunger haben, wachen sie auf und graben das Futter aus.

Das Eichhörnchen (2)

1. Male das Eichhörnchen an.

2. Trage ein: **Bein – Fell – Kralle – Ohr – Schwanz.**

Das frisst ein Eichhörnchen

☒ Eicheln

○ Raupen

○ Bucheckern

○ Beeren

○ Pilze

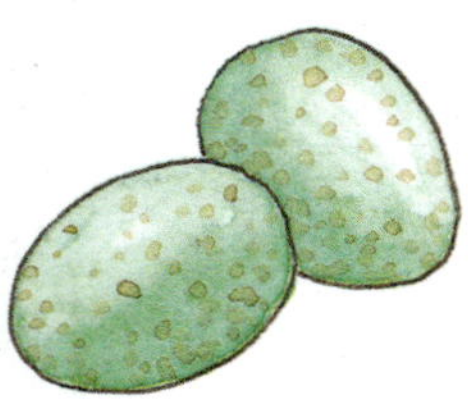

○ Vogeleier

○ Nüsse

○ Fichtensamen

3. Kreuze an, was ein Eichhörnchen im Herbst vergraben kann.

Lernsoftware: Nr. 6, 11

Der Baummarder

Baummarder leben in großen **Wäldern.** Ihr **Fell** ist **rotbraun.** Sie haben eine **gelbe Kehle.**

Baummarder können **gut klettern** und bis zu **4 Meter weit springen.**

Baummarder jagen in der Nacht. Sie fressen **kleine Tiere,** vor allem **Eichhörnchen, Vögel, Vogeleier** und **Insekten,** aber auch **Beeren.**

Am Tag schlafen Baummarder in Baumhöhlen oder verlassenen Eichhörnchenkobeln.

Baummarder bekommen im **Frühling 3–6** Junge.

Im Winter bekommen Baummarder ein dickes **Winterfell,** das sie vor der Kälte schützt.

Steckbrief: Der Baummarder

(1) Schreibe einen Steckbrief für den Baummarder.

Name: ______________________

Aussehen: ______________________

____

Lebensraum: ______________________

____

Entwicklung: ______________________

____

Nahrung: ______________________

____

Besonderheit: ______________________

____

Lernsoftware: Nr. 6, 12

Informieren und präsentieren

So kannst du eine Klappkarte basteln:

Abbildung oben betrachten. Namen lesen. Gesammelte Blätter und Früchte mit den abgebildeten vergleichen und bestimmen.
Klappkarten zu den gesammelten Blättern und Früchten herstellen. Eigenen Ausstellungstisch herrichten.
Lernsoftware: Nr. 13, 17

Werkstatt

Skizzieren und zeichnen

Eiche

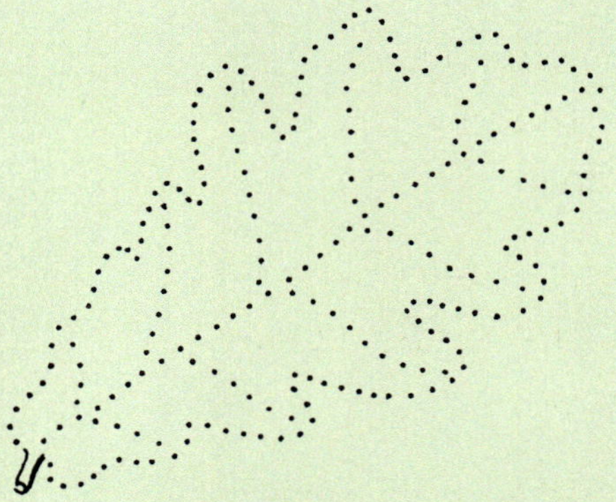

Ahorn

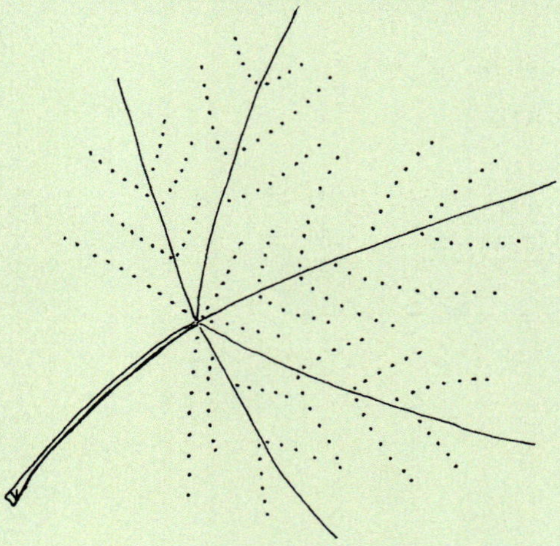

Linde

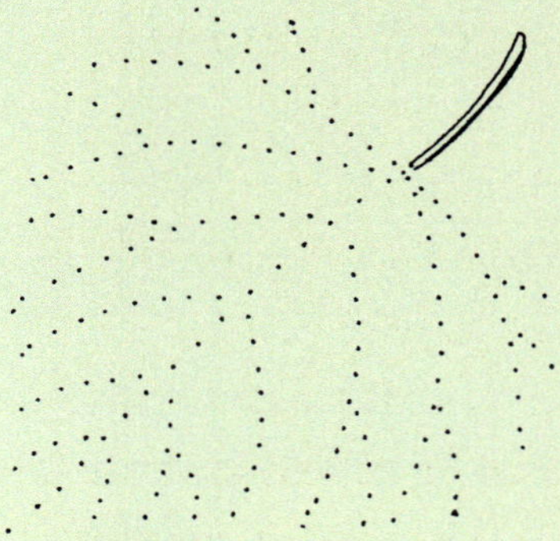

Buche

Blätter betrachten und Form beschreiben. Form mit umgedrehtem Bleistift mehrmals nachfahren. Punktebilder nachzeichnen, Umrisse skizzieren. Buchenblatt frei zeichnen.

○ Lernsoftware: Nr. 13, 17

Rotbuche und Fichte (1)

Die Rotbuche ist ein Laubbaum. Sie kann bis 40 Meter hoch werden.

Die Krone der Buche ist breit. Ihre Rinde ist glatt und grau.

Die Blätter sind dunkelgrün und eiförmig. Der Blattrand ist leicht gezähnt.

In den stacheligen Hüllen befinden sich zwei Bucheckern. Die Bucheckern sind die Früchte der Buche.

Die Fichte ist ein Nadelbaum. Sie behält ihre Nadeln auch im Winter. Fichten können bis 70 Meter hoch werden. Die Fichte ist der größte einheimische Baum. Die Blätter der Fichte sind die dunkelgrünen spitzen Nadeln. Sie sind rund um die Zweige angeordnet. Die Früchte sind die braunen Zapfen. Unter den Schuppen befinden sich die Samen. Die Krone der Fichte ist kegelförmig. Ihre Rinde ist braun und rau.

(1) Lies den Text aufmerksam durch. Unterstreiche im Text die Informationen über die Blätter mit Grün, über die Früchte mit Rot und über die Rinde mit Braun.

Rotbuche und Fichte (2)

1 Trage die Namen der Bäume ein.

2 Schreibe ein Ⓛ an den Laubbaum und ein Ⓝ an den Nadelbaum.

3 Schneide die Blätter und Früchte aus. Ordne sie den Bäumen zu.
Es bleiben von drei Bäumen die Blätter und Früchte übrig. Klebe sie auf ein Blatt Papier. Finde heraus, zu welchen Baumarten sie gehören.

○ Lernsoftware: Nr. 14, 15, 16, 17

(1) Löse das Kreuzworträtsel. Die angegebenen Seiten und die Lösungswörter im Kasten unten helfen dir.

Tiere und Pflanzen gehören zur 1 2 3 4 5

1. Der Schnabel des Amselweibchens ist … (Seite 31)
2. Dem Baummarder wächst für die kalte Jahreszeit ein … (Seite 47)
3. Diese Körperteile können Katzen ausfahren: … (Seite 27)
4. Die Blüte des Löwenzahns sitzt auf einem … (Seite 39)
5. Haselnüsse wachsen nicht an einem Baum, sondern an einem … (Seite 41)
6. Bei Hunden braucht man zur Fellpflege eine … (Seite 27)
7. Unter den Schuppen der Fichtenzapfen befinden sich die … (Seite 51)
8. Das Nest des Eichhörnchens heißt … (Seite 45)
9. Während der kalten Jahreszeit hält der Igel … (Seite 33)
10. So heißen die Früchte der Rotbuche: … (Seite 51)
11. Im Winter behält die Fichte ihre … (Seite 51)
12. Die Rotbuche ist ein … (Seite 51)

Lösungswörter:

BUCHECKERN – BÜRSTE – KOBEL – KRALLEN – LAUBBAUM – NADELN –
SAMEN – SCHWARZ – STÄNGEL – STRAUCH – WINTERFELL – WINTERSCHLAF

↓22/23

110/
111 →

Lernsoftware: Nr. 18, 19

Im Park

(1) Suche die Bildausschnitte auf Seite 54 und 55. Vergleiche die Bilder. Male den richtigen Bildausschnitt wie im Poster aus.

(2) Ordne die entsprechende Farbe vom Sinnesorgan dem Bilderpaar zu.

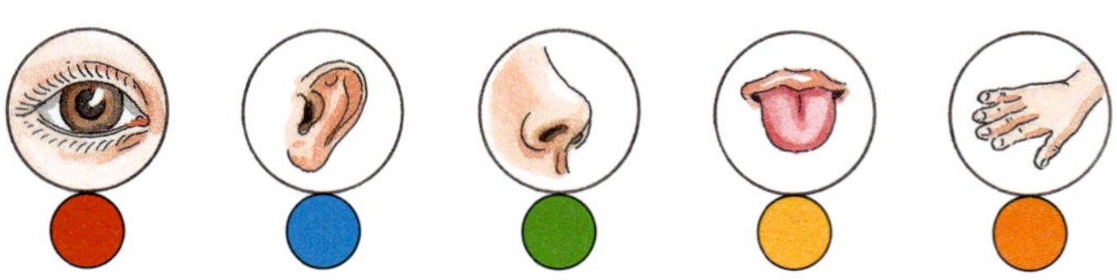

Lernsoftware: Nr. 19

Unsere Sinne (1)

1 Ordne die Sinne den Fotos zu. Male den Kreis mit der richtigen Farbe aus.
Male das Sinnesorgan darunter.

sehen

hören

riechen

schmecken

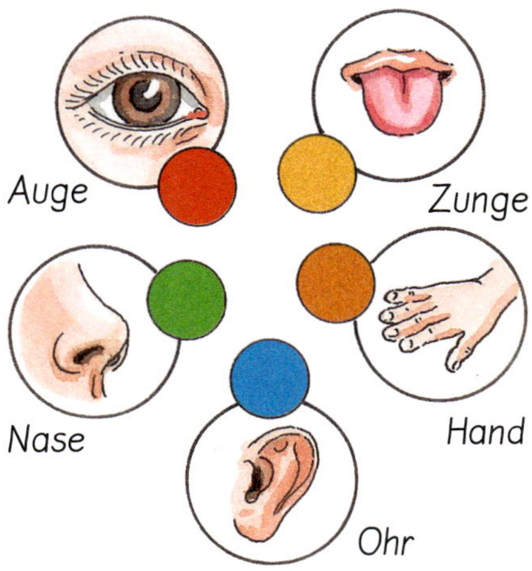

tasten

2 Welche Sinne werden angesprochen? Male die Kreise aus.

Unsere Sinne (2)

1. Fühlen

2. Hören

3. Kim-Spiel

Die Wahrnehmungsübungen mithilfe der Bilder besprechen, anschließend in der Klasse durchführen lassen.

- Lernsoftware: Nr. 19, 20

Das Auge

Die Pupille ist das Sehloch. Durch sie fällt Licht in das Innere des Auges. Wimpern und Augenbrauen schützen das Auge vor Staub und Schweiß. Die Augen sind unsere wichtigsten Sinnesorgane. Mit ihnen können wir Formen und Farben sehen. Bei Gefahr kann sich das Lid schnell schließen. In der Augenhöhle liegt das Auge geschützt.

(1) Beschrifte das Auge mit folgenden Wörtern:
Augenbraue – Augenlid – Pupille – Wimpern – Iris.

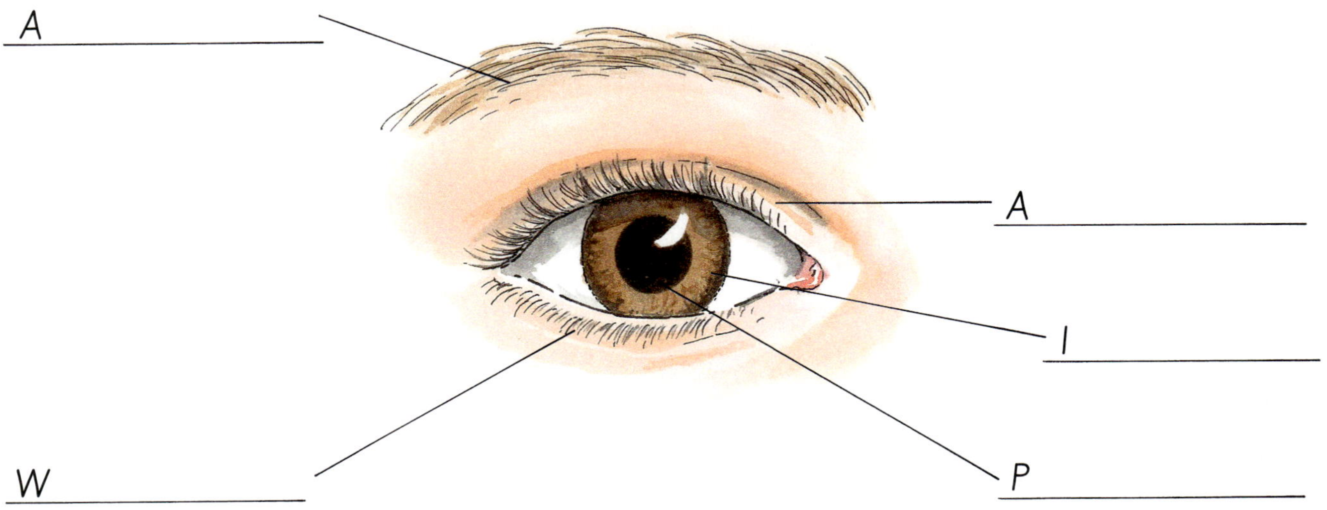

(2) Die Augen müssen vor Gefahren geschützt werden. Trage richtig ein:
Funken – Flüssigkeiten – Schweiß – Sonne – Wasser – Wind.

Das Ohr

Ständig hören wir Geräusche in unserer Umgebung. Mit unseren Ohren nehmen wir sie wahr.
Von außen sind vom Ohr die Ohrmuschel, das Ohrläppchen und der Gehörgang zu sehen.

Deine Ohren können krank und taub werden. Lärm, laute Musik, Kälte und Wind schaden den Ohren.
Davor musst du sie schützen.

1 Schreibe die Namen an die Teile des Ohres:
Gehörgang – Ohrläppchen – Ohrmuschel.

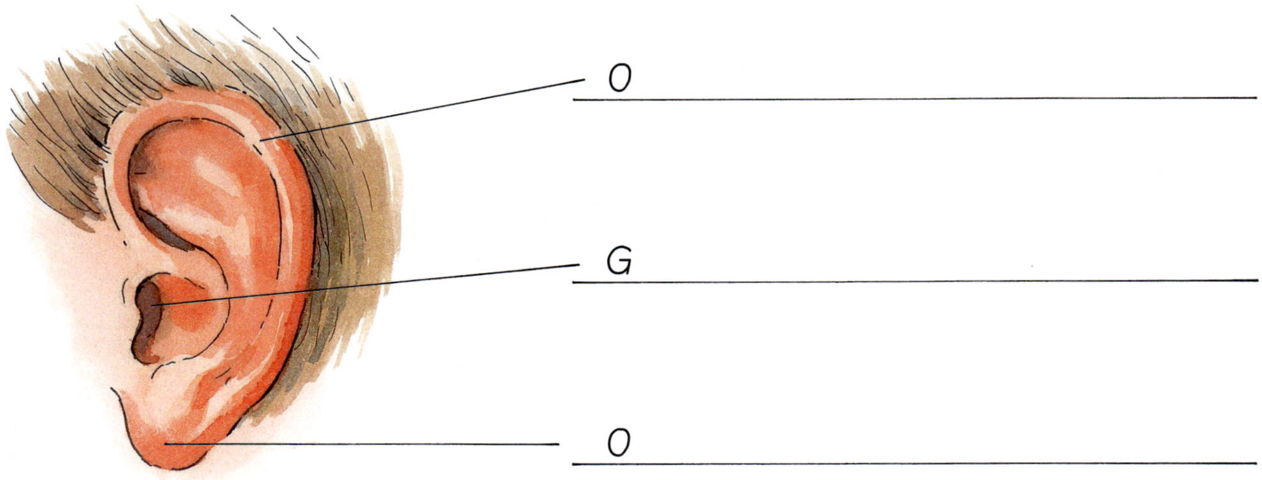

2 Setze folgende Wörter in die Texte ein: **Kälte – Lärm.**

Im Winter können Wind und ____________ die Ohren schädigen.

Die Ohren müssen gegen zu lauten ____________ geschützt werden.

Lernsoftware: Nr. 21, 22

Ein gemeinsames Frühstück (1)

Bild betrachten und beschreiben, was die Klasse für das Frühstück besorgt hat.
Nachschauen und herausfinden, welche Getränke angeboten werden.

Ein gemeinsames Frühstück (2)

Die abgebildeten Nahrungsmittel benennen. Aufmalen, was man zum Frühstück gerne essen möchte.

So ernähren wir uns richtig (1)

Die Lebensmittel, aus denen unsere Nahrung besteht, fassen wir in Gruppen zusammen. Zur Gruppe **Getreide, Kartoffeln** gehören neben Kartoffeln auch Brot und Nudeln. Sie werden aus Mehl hergestellt, das ist ein Getreideprodukt. Kohl, Gurken oder Salat gehören zur Gruppe **Gemüse.** Milch, Jogurt oder Käse werden in die Gruppe **Milch, Milchprodukte** eingeordnet. Margarine, Nüsse und viele Süßigkeiten sind in der Gruppe **Fette, Öle** zu finden. Außerdem gibt es noch die Gruppen **Obst, Getränke** und **Fleisch, Eier, Fisch.**

1. Schreibe in jede Karte den Namen der entsprechenden Gruppe.
2. Nenne die Gruppen und die Lebensmittel, die dazu gehören.

So ernähren wir uns richtig (2)

1. Zu welcher Gruppe gehören die Lebensmittel?
   Male die Rahmen mit der Farbe der richtigen Gruppe an.

2. Zähle die Lebensmittel der einzelnen Gruppen.
   Trage die Anzahl auf jeder Karte im Kreis ein.

Lernsoftware: Nr. 24, 25

Der Apfel

Apfelmus

Apfelkompott

Apfelgelee

Apfelsäfte

Apfelkuchen

geriebener Apfel

Apfelpfannkuchen

1. Abbildungen vom Apfelbaum, Blüte, Frucht besprechen.
2. Apfelprodukte besprechen. Die Kinder kreuzen an, was sie schon probiert/gegessen haben.
3. Die Kinder kreisen ein, was sie besonders gern mögen.

Wir untersuchen Äpfel

1. Der Apfel im Längsschnitt

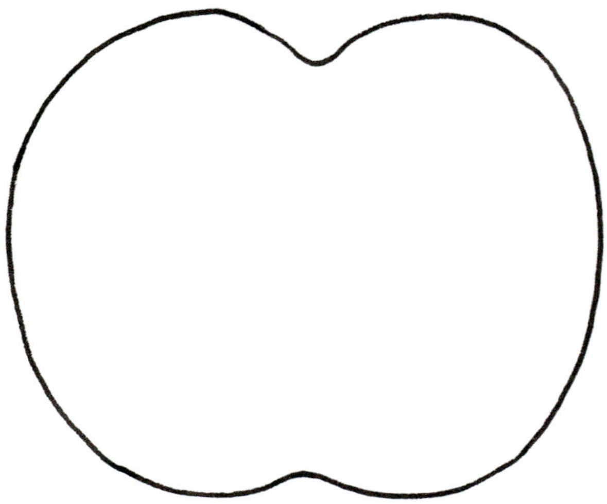

2. Der Apfel im Querschnitt

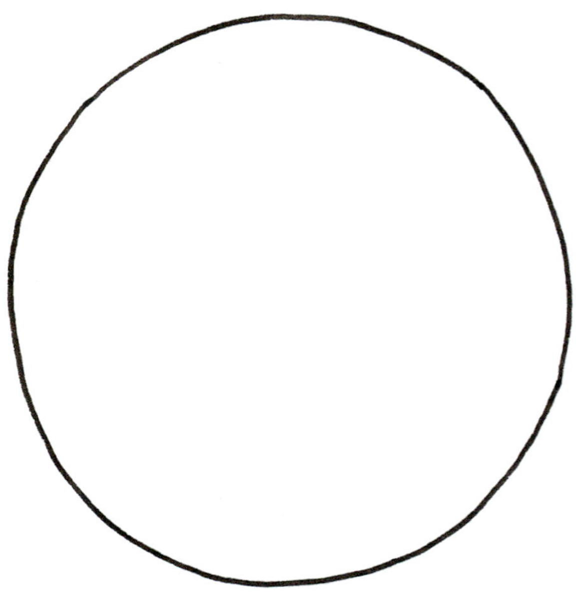

1. Die Kinder schneiden einen Apfel längs und einen Apfel quer durch. Sie betrachten das Kerngehäuse und die Apfelkerne mit einer Lupe.
2. Die Kerngehäuse vom Längs- und Querschnitt werden vom Ausschneideblatt Seite 167 ausgeschnitten, den Umrisszeichnungen zugeordnet und aufgeklebt. Alternativ können die Kerngehäuse auch eingezeichnet werden.

Die Kartoffel

Kartoffeln sind ein wichtiges Nahrungsmittel für uns. Wir essen die Knollen, die unter der Erde an der Kartoffelpflanze gewachsen sind.
An einer Knolle siehst du mehrere kleine Vertiefungen. Aus ihnen können weiße Triebe wachsen. Wenn wir die Knolle in die Erde stecken, wächst daraus eine neue Kartoffelpflanze. Sie bekommt Wurzeln, Stängel, Blätter und Blüten.
Achtung: Für uns Menschen sind alle grünen Teile der Kartoffelpflanze giftig! Nur die Knollen, die in der Erde wachsen, sind essbar.

1 Nenne die Teile der Kartoffelpflanze.

2 Unterstreiche im Text die Namen der giftigen Teile.

3 Beschreibe, wie aus der Kartoffelknolle eine Pflanze wächst.

Bei uns werden die Kartoffeln im Frühjahr auf großen Feldern oder in Gärten angebaut. Im Sommer und Herbst können die reifen Knollen geerntet werden. Es gibt aber das ganze Jahr Kartoffeln zu kaufen, denn man kann die Knollen lange lagern.
Aus Kartoffeln können wir viele leckere Speisen zubereiten. Wir essen die Kartoffel jedoch nie roh, sondern kochen oder braten sie.

4 Schreibe auf, welche Kartoffelspeisen du kennst.

____

____

____

1 Kartoffeln lassen sich gut in einem großen Topf anbauen. Wenn ihr eine Knolle in die Erde legt, könnt ihr beobachten, wie die Pflanze wächst. Nach einigen Monaten erntet ihr sogar neue Kartoffelknollen.

Die Teile der Kartoffelpflanze

1 Beschrifte die Zeichnung mit den richtigen Begriffen:
alte Knolle, Beere, Blatt, Blüte, neue Knolle, Stängel, Wurzel.

2 Male das Bild mit den richtigen Farben aus.

3 Schreibe hinter alle giftigen Teile der Kartoffel ein Ausrufezeichen (!).

○ Lernsoftware: Nr. 26, 27

Unsere Zähne (1)

Ein Zahn wächst nach:

Wir unterscheiden Zähne:

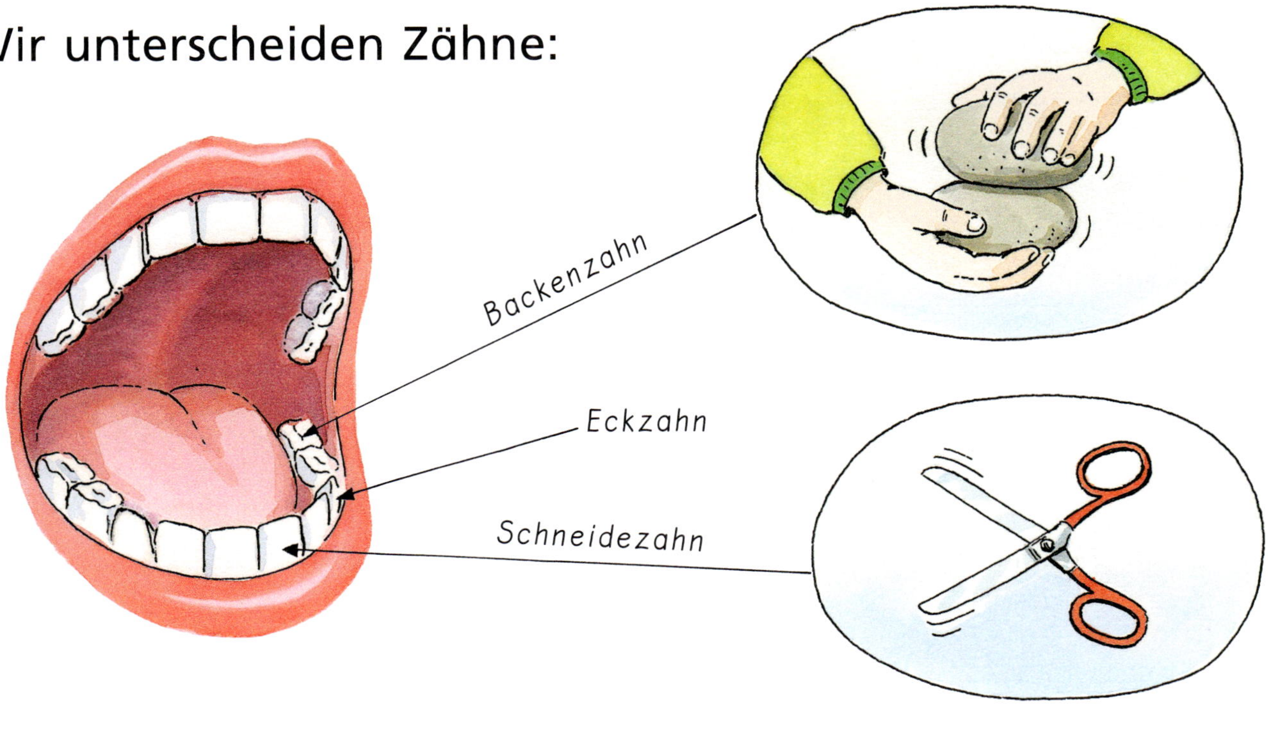

Oben: Die Bildgeschichte besprechen und vom eigenen Zahnwechsel erzählen. Mitte: Die erste Phase des Zahnwechsels und die Endphase besprechen. Die fehlenden Phasen auf Seite 167 unten ausschneiden, die Reihenfolge ausprobieren und das richtige Ergebnis aufkleben. Unten: Die einzelnen Zahnformen vorstellen und die Funktionen mithilfe der Abbildungen darüber erläutern: Schneidezahn – Schere – abschneiden; Backenzahn – Mahlsteine – Zerkleinern/Mahlen

Unsere Zähne (2)

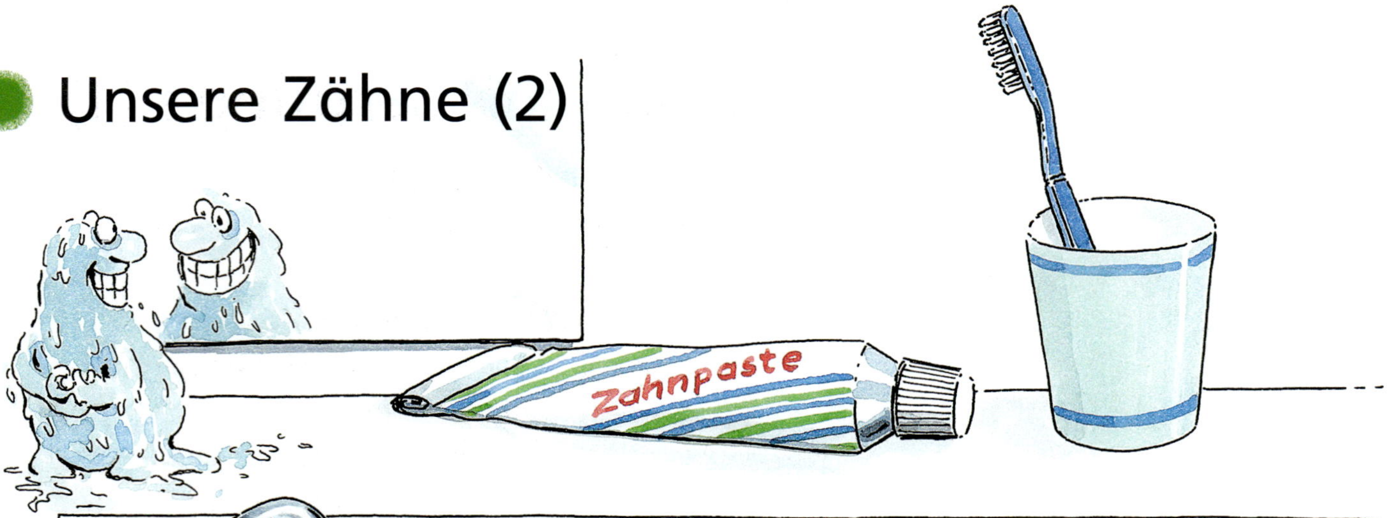

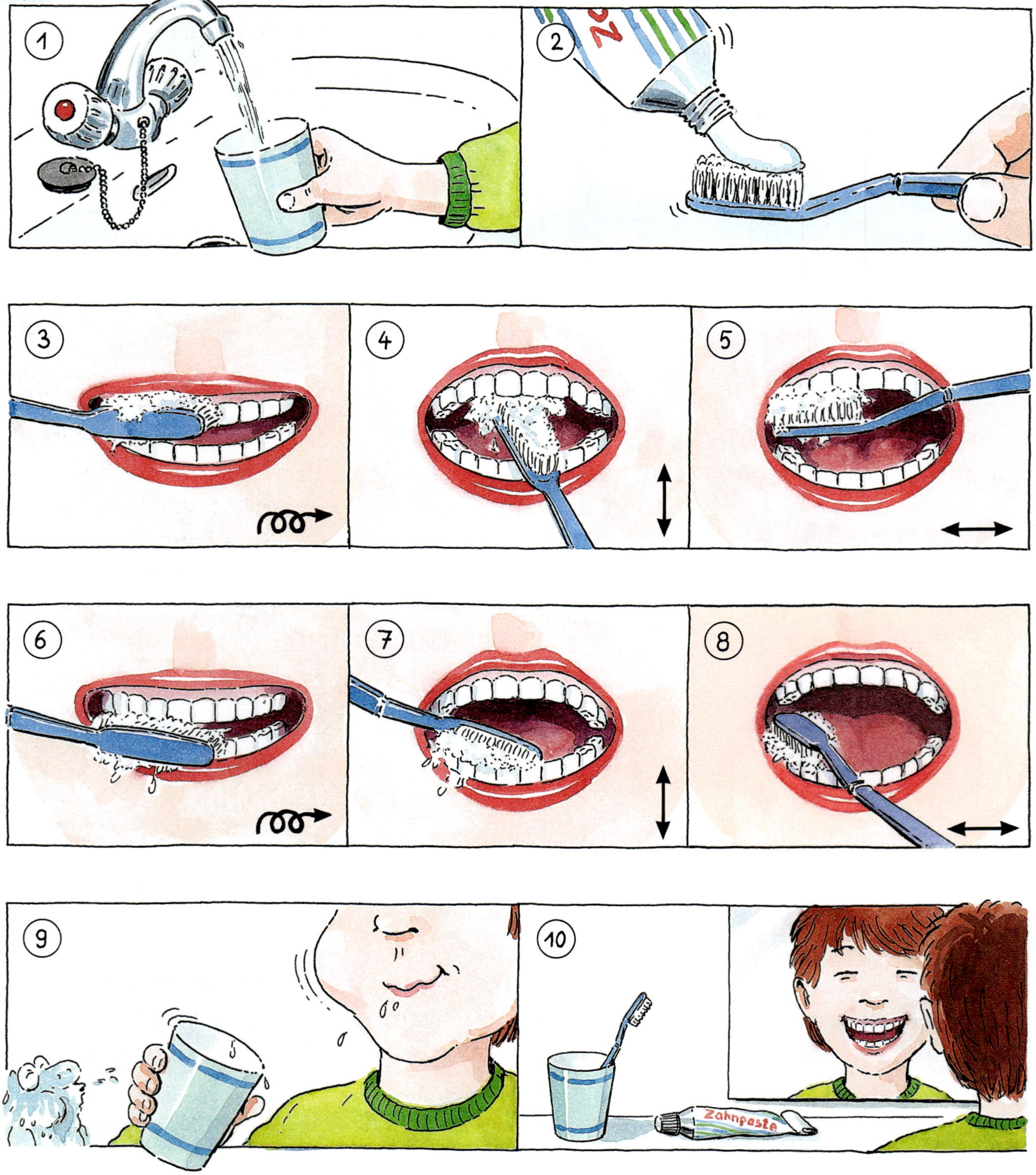

oben: Die Utensilien zum Zähneputzen benennen.
unten: Den richtigen Ablauf des Zähneputzens anhand der Bilder besprechen und anschließend die Zähne putzen lassen.

Körper und Körperpflege (1)

Wir duschen und pflegen uns.
Wir fühlen uns wohler und bleiben gesünder.
Beim Spielen drinnen und draußen, fassen wir nämlich alles Mögliche an. Dabei gelangen Schmutz, Staub und Krankheitserreger auf unsere Haut. Beim Duschen werden sie von der Haut abgespült. Körperpflege besteht aber nicht nur aus dem Duschen.

Die Haarwäsche sorgt für saubere, glänzende, gesunde Haare und eine reine Kopfhaut.

Vor dem Essen und nach dem Gang zur Toilette waschen wir die Hände. So können Erreger nicht in den Körper gelangen.

Für ein gesundes Zahnfleisch und gesunde Zähne sorgt die regelmäßige Zahnreinigung mit Zahnbürste und Zahnseide.

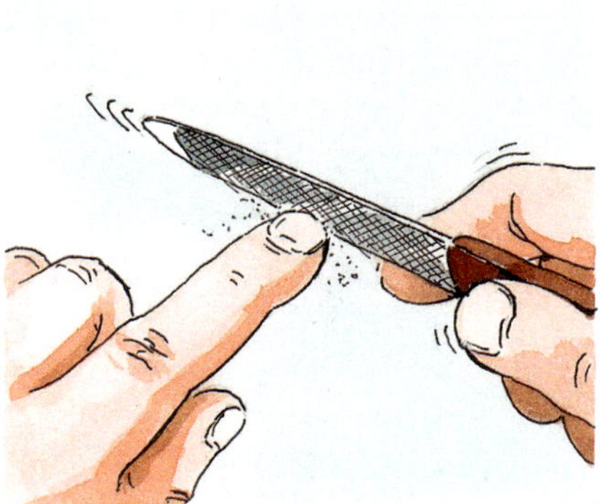

Das Schneiden und Feilen der Nägel verhindert, dass sie einreißen und sich entzünden.

Ohrenschmalz sollte man mit einem nassen Waschlappen entfernen. Wattestäbchen sind zu gefährlich.

Auch ausreichender Schlaf, eine gesunde Ernährung und viel Bewegung halten unseren Körper gesund.

Körper und Körperpflege (2)

1. Kreise ein, welche Dinge zur Körperpflege auf dem Bild dargestellt sind.
2. Wie unterscheiden sich die Körper der beiden Kinder? Zähle auf.
3. Schreibe auf, warum es für jedes Kind wichtig ist, sich die Hände zu waschen.

Das Kind ______________________________

Das Kind ______________________________

Das Kind ______________________________

4. Erzähle zu jedem Bild eine kleine Geschichte.

Luft ist überall

Besprechen, wo überall in der Abbildung Luft eine Rolle spielt bzw. genutzt wird.

○ Lernsoftware: Nr. 28, 29

Wir bauen Papierflieger

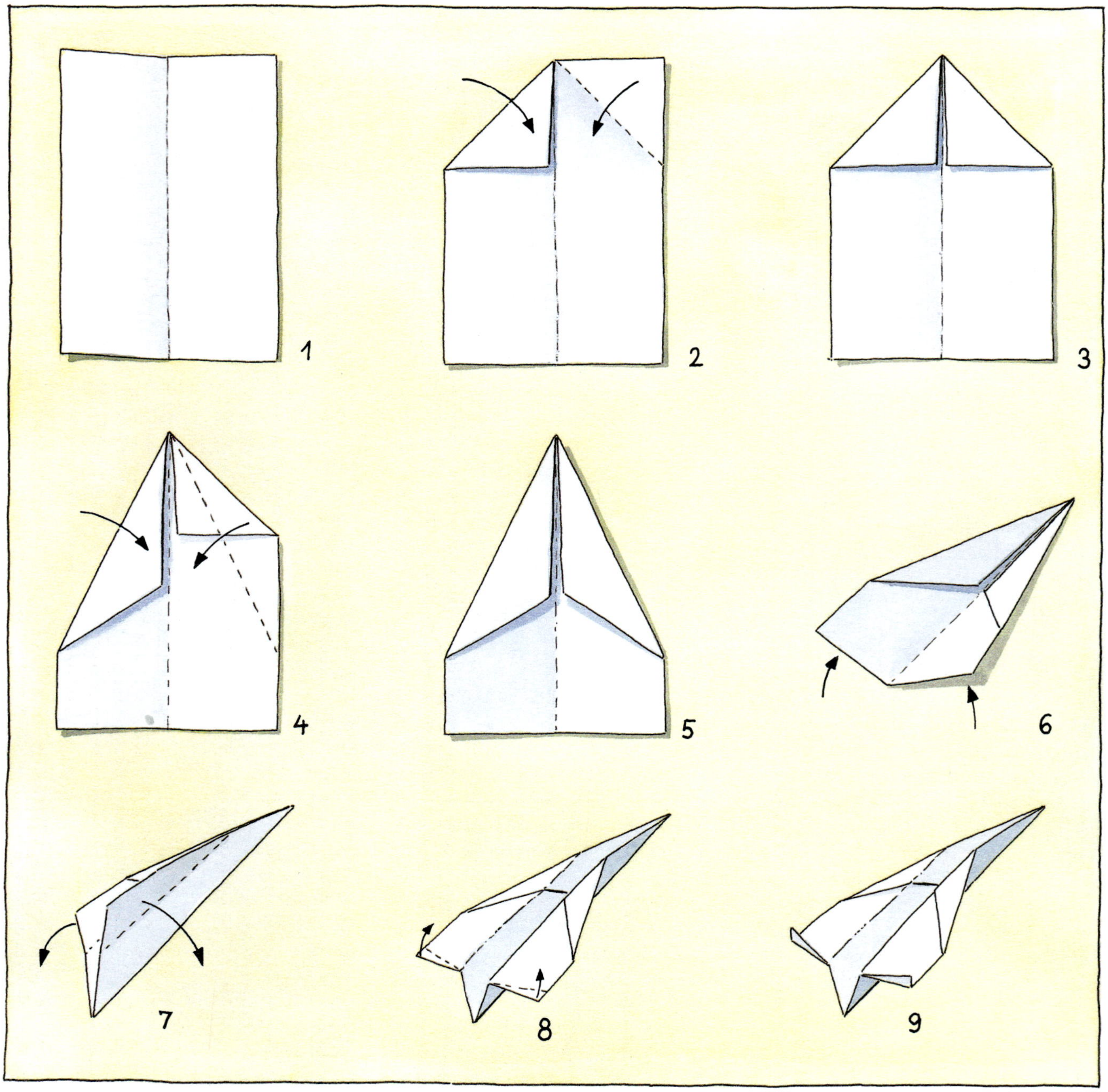

Die einzelnen Schritte der Bauanleitung besprechen und nachbauen lassen. Einen Flugwettbewerb veranstalten.

Luft bewegt, trägt, bremst

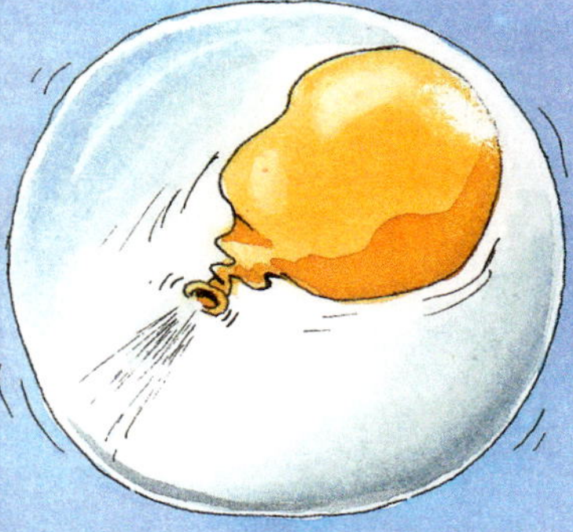

Luft ______________.

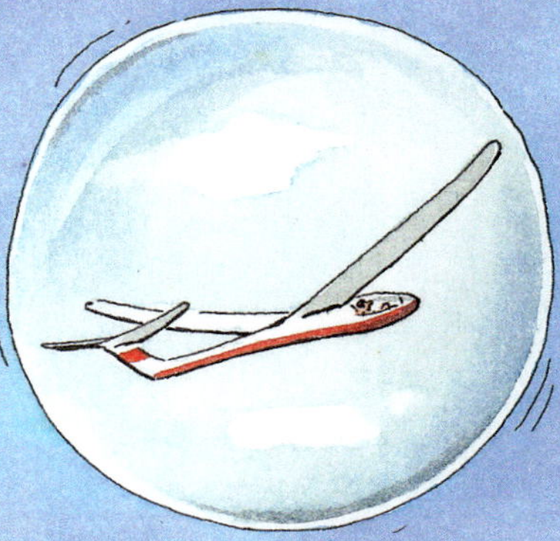

Luft ______________.

Luft ______________.

Luft ______________.

Luft ______________.

Luft ______________.

Luft ______________.

Luft ______________.

Luft ______________.

1 Wähle für jedes Bild den passenden Satz und schreibe ihn darunter:
Luft bewegt.
Luft trägt.
Luft bremst.

Luft treibt an

Watteballtreiben

Bei diesem Spiel mit Wattebällen schlägt jedes Kind mit seinem Karton nur einmal auf die Tischplatte.

1. Wer von den Kindern treibt seinen Watteball am weitesten?
2. Spielt das gleiche Wettrennen.

So baut ihr eure Luftballonrakete

1. Steckt die Drachenschnur durch zwei Trinkhalmhälften.
2. Knotet die Schnur im Zimmer fest.
3. Blast den Luftballon auf und haltet die Öffnung mit den Fingern geschlossen.
4. Befestigt die Trinkhalmhälften mit Klebestreifen am Luftballon.
5. Lasst die Luftballonrakete los.

(1) Betrachte das Bild. Wozu wird das Wasser genutzt?
Zum Leben (rot)? zum Spielen (gelb)? zum Reinigen (blau)?

(2) Färbe die Kreise auf dem Bild richtig ein.

Wir bauen Wasserspielzeuge

Schraubverschluss-Schiffchen und Korken-Schiffchen

Ein Wasserrad

Wasser im Haushalt

So viel Wasser braucht im Durchschnitt jeder von uns pro Tag: ( = 5 Liter)

kochen	abwaschen	reinigen	Hände waschen	baden/duschen	Toilette	waschen

Jeder Mensch in Deutschland braucht etwa 125 Liter Wasser am Tag. Die Tabelle zeigt, wofür dieses Wasser von uns genutzt wird.
Ohne Wasser gibt es kein Leben. Wir dürfen es nicht verschwenden. Um die Umwelt zu schonen und auch Geld zu sparen, sollte jeder sorgsam mit Trinkwasser umgehen.
Neue Geräte im Haushalt werden inzwischen so gebaut, dass weniger Wasser verbraucht wird. Spülungen für Toiletten besitzen einen Sparknopf.

Bei vielen neuen Häusern wird das Regenwasser in einen Tank unter die Erde geleitet. Es wird für die Waschmaschine, zur Toilettenspülung, im Garten und zum Putzen genutzt.

1 Trage in die Spalten der Tabelle ein, wie viel Wasser jeweils verbraucht wird.

2 Beschreibe mithilfe der Bilder unten, wie Wasser gespart werden kann.

Wasser sparen

Jan und Emily stehen im Badezimmer und putzen ihre Zähne.
Sie wissen genau, wie lange sie bürsten sollen: 3 Minuten.

1. Beschreibe, wie die beiden Kinder ihre Zähne putzen.

2. Wer von den beiden spart Wasser?

3. Denkt euch zu den beiden Bildern einen Versuch aus, der genau zeigt, wie viel Wasser beim Zähneputzen eingespart werden kann. Ihr braucht dazu:

1 Kreise in den beiden Abbildungen ein, wer falsch angezogen ist.
Begründe weshalb.

Welche Kleidung schützt vor Kälte?

(1) Besorgt diese Kleidungsstücke und kalte Kompressen. Führt die Versuchsreihe durch. Tragt eure Vermutungen und Ergebnisse in der Tabelle ein.

Kleidungsstücke in Auswahl	Vermutung		Ergebnis	
	Kälte ist deutlich zu spüren.	Kälte ist kaum zu spüren.	Kälte ist deutlich zu spüren	Kälte ist kaum zu spüren.

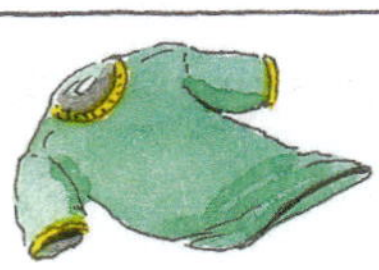				

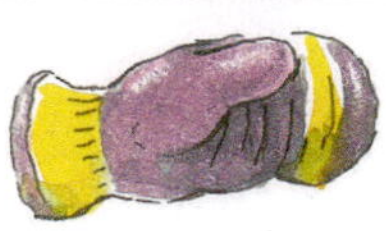				

Wir messen Temperaturen

Die Kinder empfinden die Wärme im Raum unterschiedlich. Sie wollen die Temperatur im Klassenraum genau messen. Die Abbildung A zeigt das Klassenraumthermometer. In dem Gehäuse ist das Steigrohr (Glasröhrchen) befestigt. Darin befindet sich eine farbige Flüssigkeit. An den Strichen und Zahlen der Skala wird die Temperatur abgelesen, zum Beispiel 21° (Grad).

(1) Beschrifte das Thermometer A.

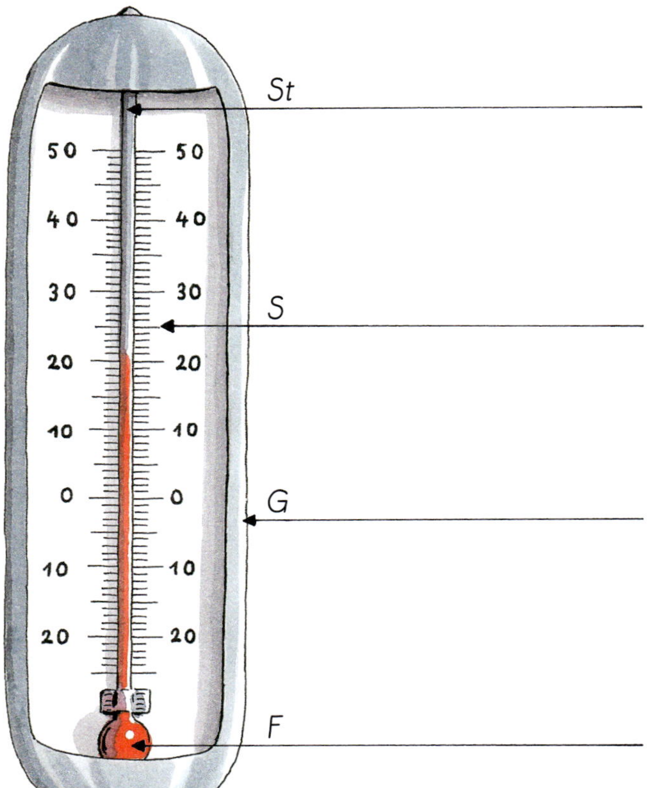

A Innenthermometer

B Innenthermometer

C Außenthermometer

D Bratenthermometer

E Badethermometer

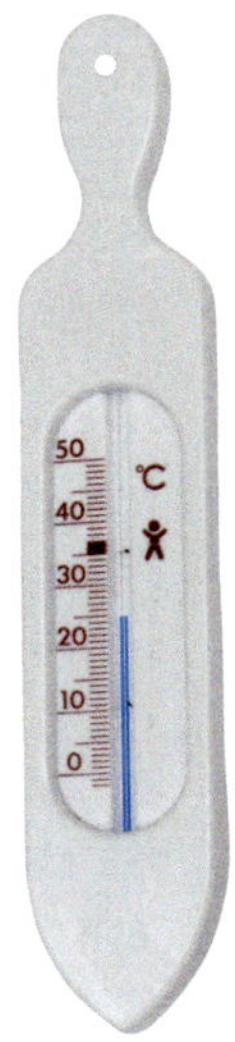

F Fieberthermometer

(2) Lies die Raumtemperatur in deinem Klassenraum vom Thermometer ab und notiere sie. ______

(3) Notiere, welche Thermometer ihr bei euch zu Hause habt.

____

____

(4) Wofür werden die verschiedenen Thermometer genutzt?

(5) Lies die Temperaturen von den Thermometern ab. Trage ein.

A ____________ D ____________

B ____________ E ____________

C ____________ F ____________

Temperaturen ablesen, Tabellen zeichnen

1 Schreibe zu den Thermometern den richtigen Namen.

① ________ -	② ________ -	③ ________ -
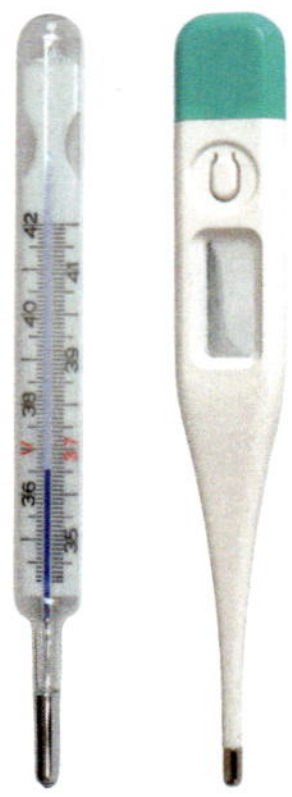 *thermometer* _____ °C	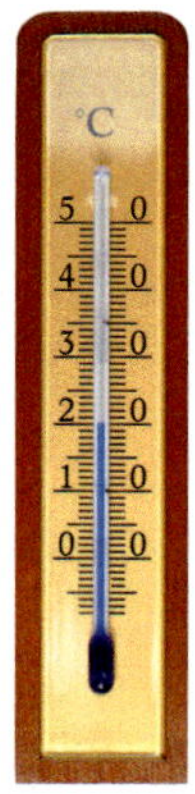 *thermometer*  _____ °C	 *thermometer* _____ °C

2 Lies jeweils die Temperatur ab und schreibe sie rechts daneben.

3 Welche Thermometer kennst du noch? ______________________________

____

Tabellen auswerten

Tabellen setzen sich aus Zeilen, Spalten und Feldern zusammen.

1. So sprichst du einzelne Felder in der Tabelle an:
   Zuerst die Zeile, danach die Spalte.
   Beispiel: Temperatur um 10 Uhr
   im Flur = 17°

2. Lies ab: a) Temperatur um 8 Uhr im Klassenraum = _____
   b) Temperatur um 12 Uhr in der Turnhalle = _____
   c) Nenne weitere Beispiele.

Spalte ↓

Zeile →

	Klassenraum	*Flur*	*Turnhalle*
8.00 Uhr	*18° (Grad)*	*14°*	*17°*
10.00 Uhr	*20°*	*17°*	*19°*
12.00 Uhr	*21°*	*18°*	*19°*

Tabellen zeichnen

Zum Eintragen von gemessenen Temperaturen soll eine Tabelle gezeichnet werden.

1. Benutze zum Zeichnen von Tabellen Karopapier, Bleistift und Lineal.

2. Die Tabelle soll aus vier Zeilen und vier Spalten bestehen.
   Zeilenhöhe = 2 Kästchen (1 cm)
   Spaltenbreite = 8 Kästchen (4 cm)

Lernsoftware: Nr. 33, 34

Was zieht ein Magnet an?

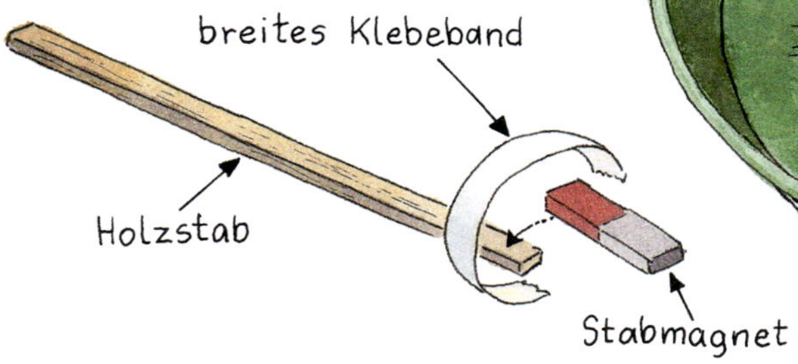

1 Was wird vom Schatz-Such-Stab angezogen, was nicht?

	wird angezogen	*wird nicht angezogen*
Büroklammer	X	
Buntstift		X
Nagel		
Faden		
Kronkorken		
Schere		
Radiergummi		
Wasserflaschen-Verschluss		
5 Cent-Münze		
10 Cent-Münze		

Das Magnet-Spiel

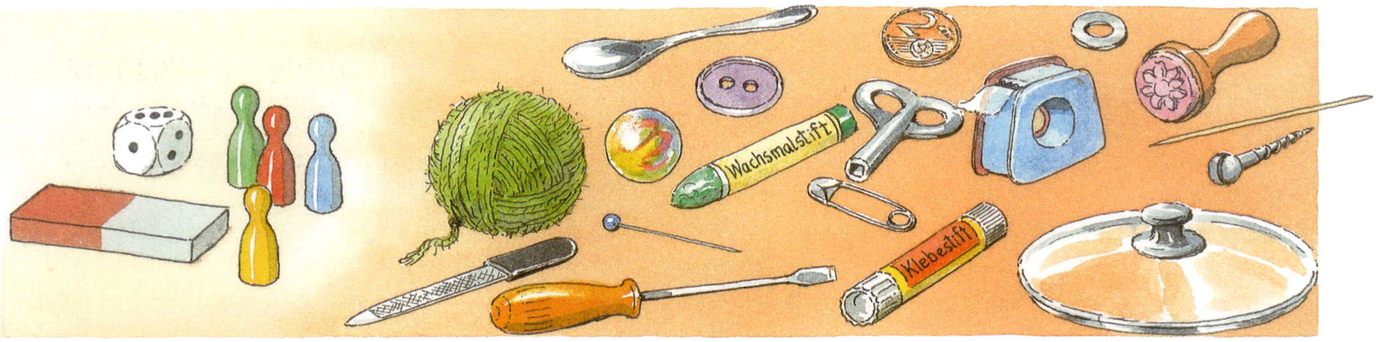

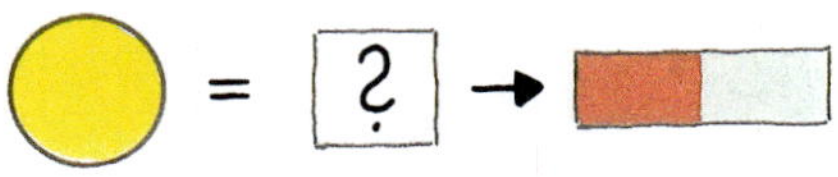 Nimm etwas, das vom Magneten angezogen wird.

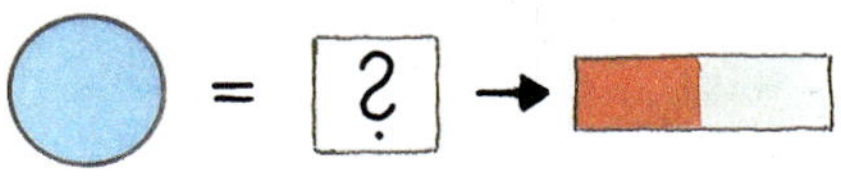 Nimm etwas, das vom Magneten nicht angezogen wird.

richtig ✓ = 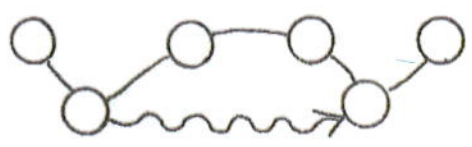 Auf der Abkürzung weitergehen.

falsch — = 

Auf dem Feld bleiben bis zur nächsten Runde.

Versuche mit Magneten (1)

Magnete ziehen Gegenstände an

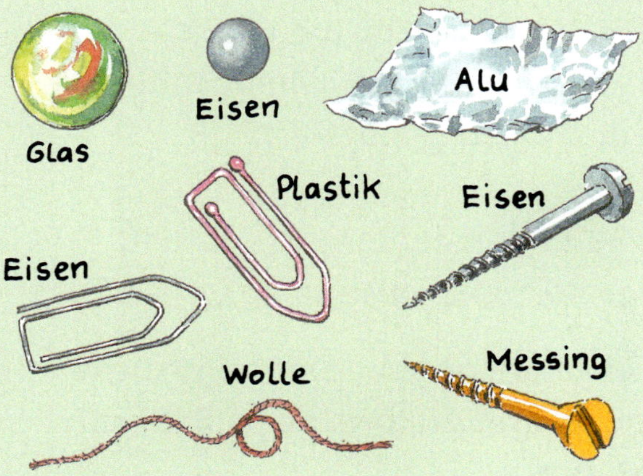

1. Vermute, welche Gegenstände von Magneten angezogen werden und welche nicht. Kreuze in der Tabelle an.
2. Führe den Versuch durch und trage deine Ergebnisse in der Tabelle ein. Vergleiche.

Gegenstand	Vermutung		Ergebnis	
	wird angezogen	wird nicht angezogen	wird angezogen	wird nicht angezogen

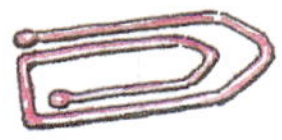				
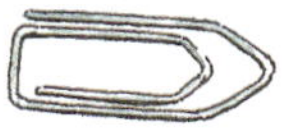				

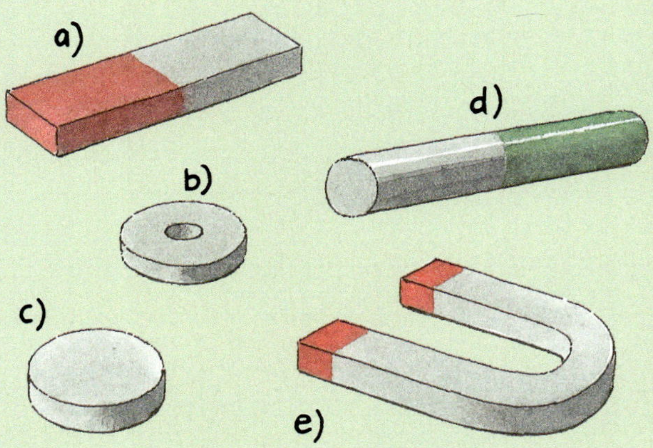

Magnete

Es gibt verschiedene Magnete. Sie werden nach ihrer äußeren Form benannt.

1. Schreibe passende Buchstaben hinter die Namen.
   Stabmagnet ________
   Ringmagnet ________
   Scheibenmagnet ______
   Hufeisenmagnet ______

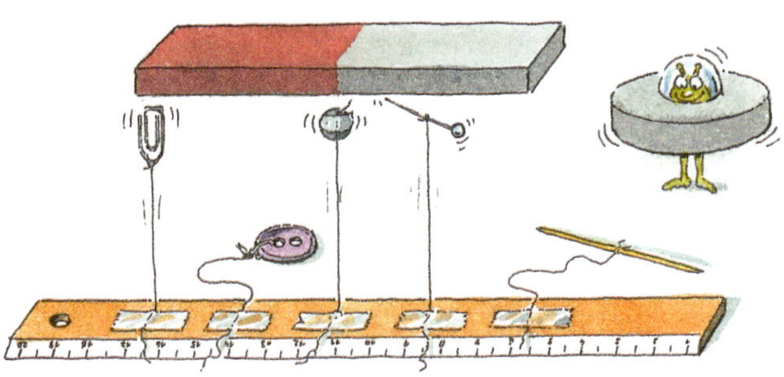

Was schwebt denn da?
Nicht alles schwebt. Der Knopf aus Kunststoff und das Holzstäbchen bleiben liegen.
Prüfe selbst nach.

Versuche mit Magneten (2)

Die Enden des Stabmagneten

An den Enden des Stabmagneten ist die Anziehungskraft am stärksten. Diese Enden sind manchmal unterschiedlich farbig markiert.

Gleiche Enden stoßen sich ab und ungleiche ziehen sich an.

1. Führe die abgebildeten Versuche durch und erkläre deine Beobachtungen.

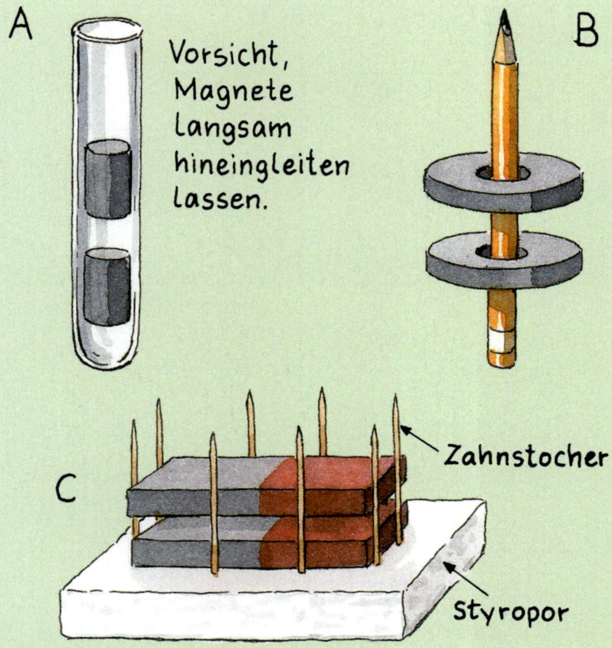

Schwebende Magneten

Weil gleiche Enden sich abstoßen, kannst du Magnete schweben lassen.

1. Führe die Versuche durch. Erkläre, warum die Magnete schweben.

____

____

____

____

____

„Zaubern" mit Magneten

1. Lege eine Büroklammer in ein hohes Glas und stelle es auf den Tisch.
2. Verstecke den Magnet. Frage nun deine Eltern: „Wetten, dass ich die Klammer aus dem Glas hole, ohne das Glas oder die Klammer mit den Fingern zu berühren.

Auf diesem Bild sind falsche Dinge und falsches Verhalten dargestellt.
Finde die 12 Fehler und markiere sie mit einem Stift.

↑22/23

140/
141
→

Lernsoftware: Nr. 60

Ein Haus wird gebaut

(1) Suche die Bildausschnitte auf Seite 90 und 91.
Male die Bilder wie auf Seite 90 und 91 aus.

(2) Ordne die Nummern mit den Berufen den Bildausschnitten zu.

(1) Maler 	(2) Dachdecker 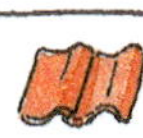	(3) Gerüstbauer 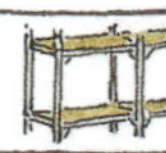
(4) Elektriker 	(5) Architekt 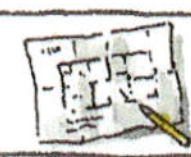	(6) Zimmerer 
(7) Maurer 	(8) Gärtner 	(9) Heizungsbauer 

Lernsoftware: Nr. 60

Materialien unterscheiden (1)

Die Eigenschaften von Materialien besprechen.
An verschiedenen Tischen untersuchen die Kinder verschiedene Gegenstände und gruppieren sie nach ihren Eigenschaften.

Lernsoftware: Nr. 61, 62

Materialien unterscheiden (2)

Die im Kreis dargestellten Materialien werden benannt und besprochen.
Die Kinder überlegen, aus welchem Material bzw. Materialien die abgebildeten Gegenstände bestehen und malen die Kreise mit den entsprechenden, im Kreis vorgegebenen, Farben an.

- Lernsoftware: Nr. 61, 62

Welche Kleidung ist wasserdicht?

Jana und Lisa waren auf dem Schulweg. Plötzlich begann es stark zu regnen.

(1) Vergleicht die Kleidung der beiden Mädchen. Vermutet, warum Lisa nass bis auf die Haut wurde, Jana aber nicht.

____

____

____

Wasserdurchlässig oder nicht?

1. Besorgt Kleidungsstücke und Gegenstände aus unterschiedlichem Material und eine Wassersprühflasche.
2. Vermutet, ob das Material Wasser durchlässt oder nicht. Tragt eure Vermutungen in die Tabelle ein.
3. Besprüht die Kleidungsstücke und Gegenstände mit Wasser und beobachtet.
4. Tragt die Ergebnisse in die Tabelle ein. Vergleicht eure Vermutungen und Ergebnisse.

Probe	Lässt Wasser durch		Lässt Wasser nicht durch	
	Vermutung	Ergebnis	Vermutung	Ergebnis
Jeans	X	X		

Materialien untersuchen

Wir untersuchen mit der Lupe

Ihr braucht: Kleidungsstücke, eine Lupe und eine Taschenlampe.

1. Schaut euch die Oberfläche des Materials mit der Lupe an.
2. Leuchtet mit der Taschenlampe durch das Material. Schaut dabei mit der Lupe.

   Hinweis: Winzige Spalten oder Löcher (Poren) im Material sorgen dafür, dass Licht durchscheint oder Wasser eindringen kann.

Meine Beobachtung!

So wird Papier wasserdicht

Ihr braucht: Papier, Margarine, Backpinsel, Messer, Creme, Wachsmalkreide

1. Ein Blatt Papier bleibt unbehandelt. Ein Blatt wird auf beiden Seiten mit Margarine dünn bestrichen, ein anderes mit Creme. Das vierte Blatt wird auf beiden Seiten dick mit Wachsmalkreide bemalt.
2. Die Blätter werden mit Wasser besprüht und dann mit einer Lupe betrachtet.
3. Notiert die Ergebnisse in der Tabelle.

Probe	*Meine Beobachtungen*
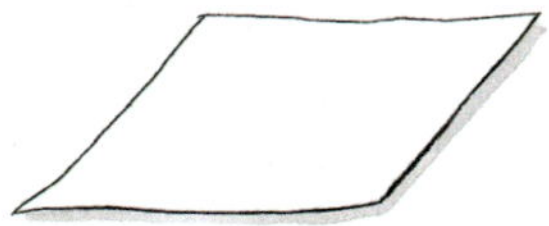	

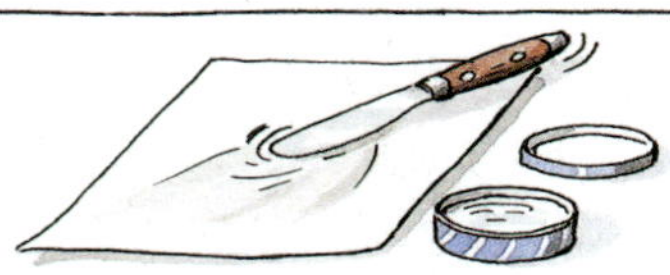	
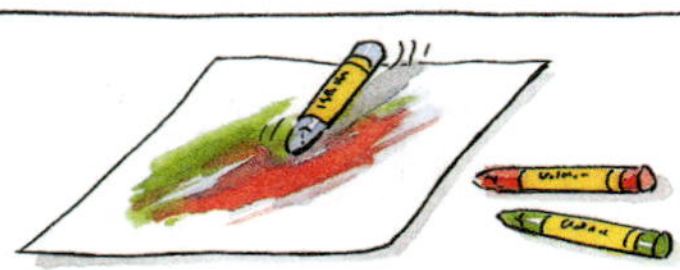	

Ein Modell bauen (1)

Wir bauen ein Modell von einem Klettergerüst

Das Klettergerüst auf dem Spielplatz soll erweitert werden. Die Kinder dürfen ihre Ideen einbringen.

Zuerst bauen sie ein Modell von dem alten Klettergerüst. Danach konstruieren sie noch weitere Gerüstteile.

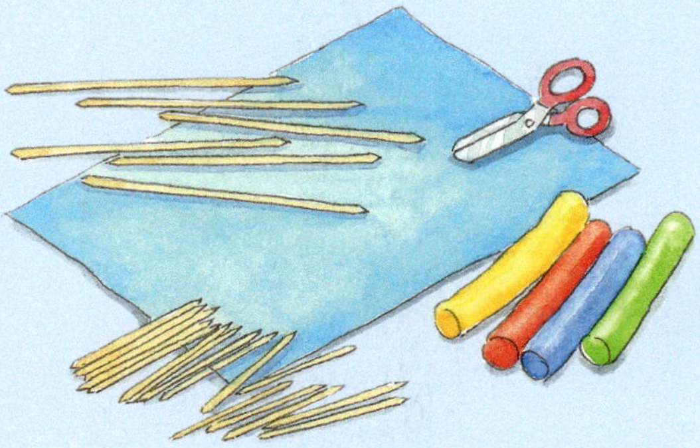

1 Material: Du brauchst Knete, Zahnstocher, Schaschlikspieße und Tonpapier.

2 Forme aus der Knete gleichgroße Kugeln. Stecke dann die Zahnstocher hinein.

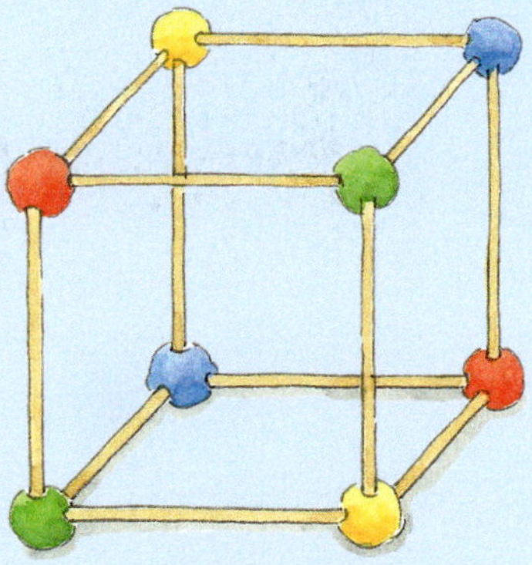

3 Baue zunächst das Bodenteil. Stecke die Spieße gleichmäßig tief in die Kugeln.

4 Stecke nun in die oberen Kugeln jeweils einen Zahnstocher.

Ein Modell bauen (2)

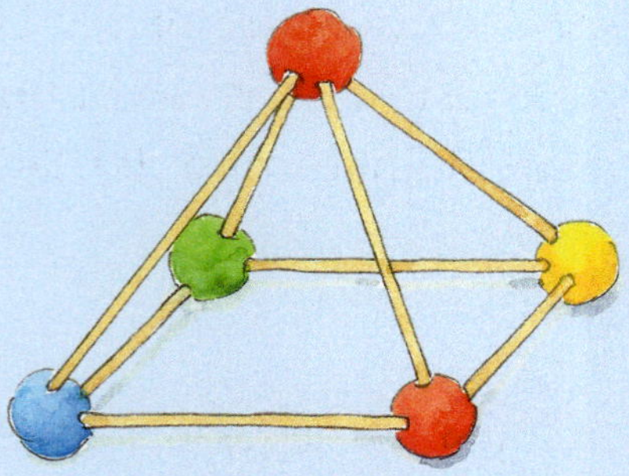

5 Für das Dach werden vier Zahnstocher in der Mitte an einer Kugel verbunden.

6 Stecke nun das Dach in die vier freien Zahnstocher vom Bodenteil (siehe Nr. 4).

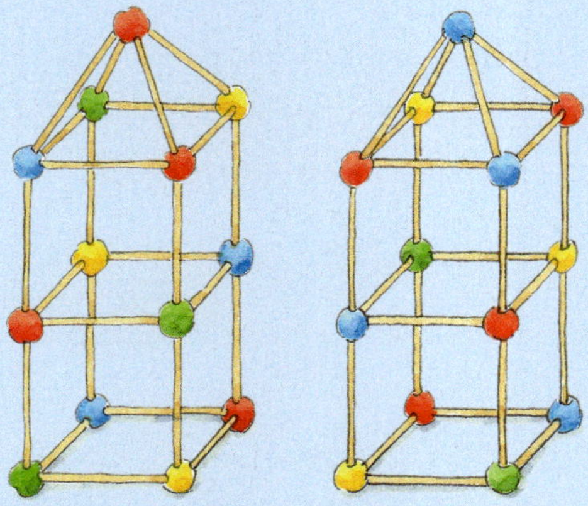

7 Baue nach den Nummern 2 bis 6 einen zweiten Turm.

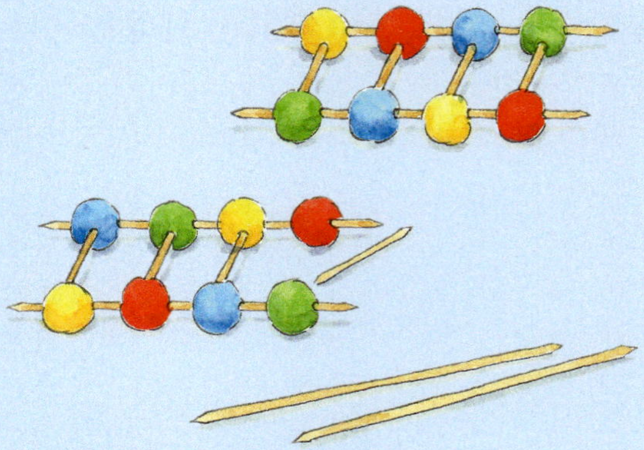

8 Für die Verbindung der Türme und der Treppe werden Kugeln auf Spieße gesteckt.

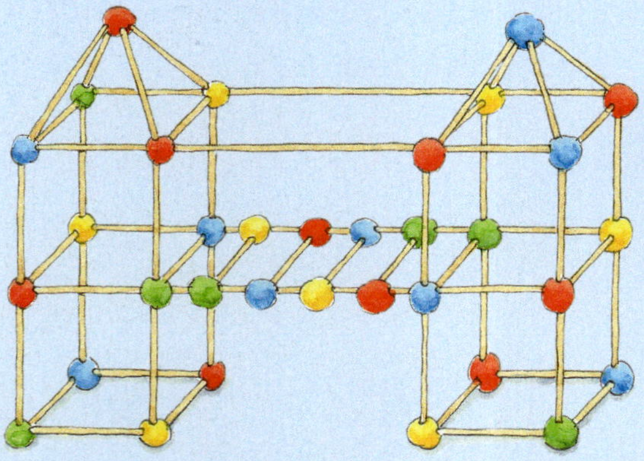

9 Stecke nun die Verbindung und das Geländer in die seitlichen Kugeln.

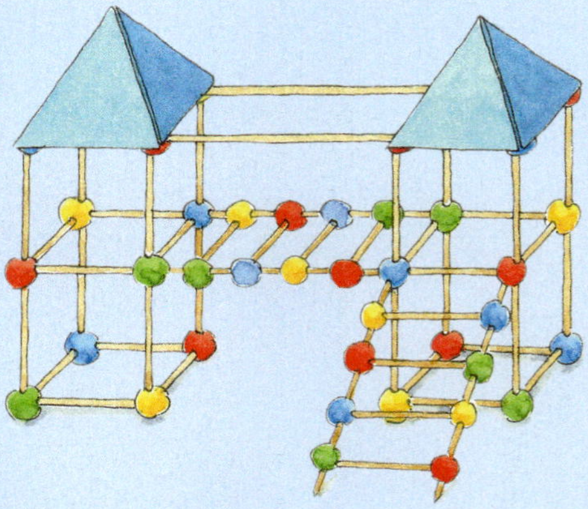

10 Baue die Treppe an. Schneide für die Dächer Dreiecke aus dem Tonpapier aus.

11 Wie soll das Klettergerüst erweitert werden? Konstruiere weitere Geräteteile.

Das Handwerkerbuch

Für einen Hausbau sind viele Menschen nötig. In einem alten Lied geht es um Berufe am Bau.

(1) Setze die Namen der Berufe richtig in das Lied ein. Der Text auf der Rückseite hilft dir. Ein Handwerk fehlt im Lied.

(2) Schneide die beiden Doppelseiten auf dieser Seite aus. Falte die Doppelseiten entlang der Linie und lege sie zusammen. Achte auf die richtige Reihenfolge der Seiten.

8

Seht's euch an, seht's euch an,

bald zieh'n wir ein mit viel Tam-Tam.

1

Wer will fleißige Handwerker sehn

Ganz perfekt, ganz perfekt, plant

das Haus der ________________ .

6

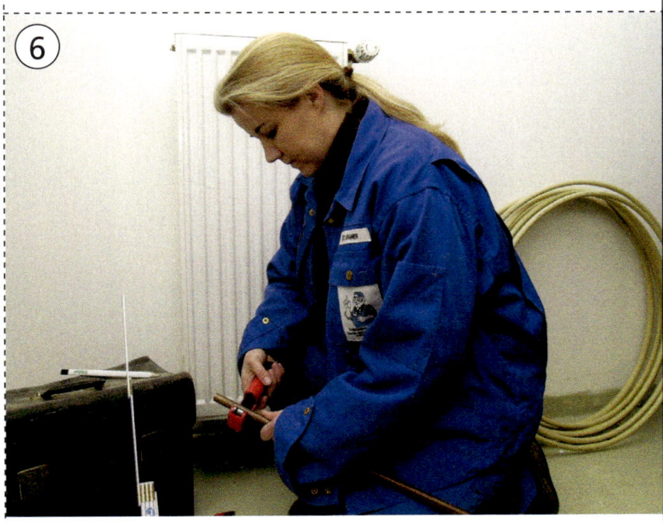

Wie ich hör, wie ich hör, schafft

der ________________ .

3

Der ________________

baut das Dach so schnell er kann.

(Falten)

Das Handwerkerbuch

Ein **Architekt** erstellt Pläne für den Hausbau.
Der **Maurer** errichtet den Rohbau.
Der **Zimmermann** errichtet den Dachstuhl.
Der **Dachdecker** deckt das Dach.
Der **Schreiner** baut die Fenster.
Der **Elektro-Installateur** verlegt Leitungen für die Beleuchtung und setzt Anschlüsse für Elektrogeräte.
Der **Wasser-Installateur** verlegt Wasserleitungen. Er setzt Waschbecken und Toiletten.
Der **Maler** tapeziert und streicht Wände und Decken.

2

Stein auf Stein, Stein auf Stein, der
__________________ wird bald fertig sein.

7

Wundervoll, wundervoll, der
__________________ macht die Wände toll.

4

Poch, poch, poch. Poch, poch, poch,
__________________ lass nur kein Loch.

5

Oh wie fein, oh wie fein, der
__________________ setzt die Fenster ein.

(Falten)

Lernsoftware: Nr. 60

Wir bauen verschiedene Propeller

Propeller 1 **Propeller 2**

❶ ✂ Schneide die Propeller an den Schneidelinien -------------- aus.

❷ Falte die Propeller an den Faltlinien ....

❸ Befestige die Büroklammern.

Beobachten und experimentieren

Wir vergleichen die Flugdauer der Propeller

1 Vermutung: Welcher Propeller fliegt länger? Kreuze an.

Propeller 1 ☐

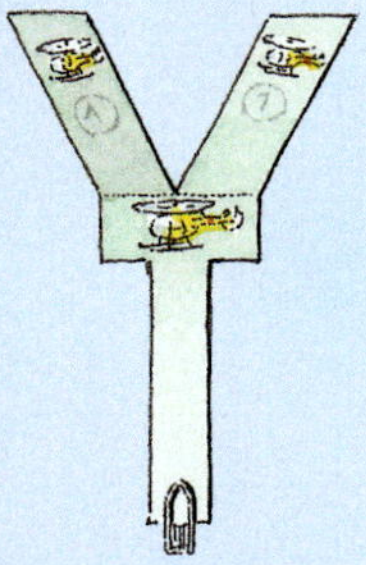

Propeller 2 ☐

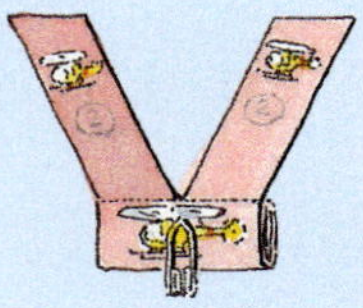

2 Durchführung: Lass beide Propeller gleichzeitig los. Beobachte!

3 Ergebnis: Welcher Propeller ist länger geflogen? Kreuze an.
Vergleiche mit der Vermutung.

Propeller 1 ☐

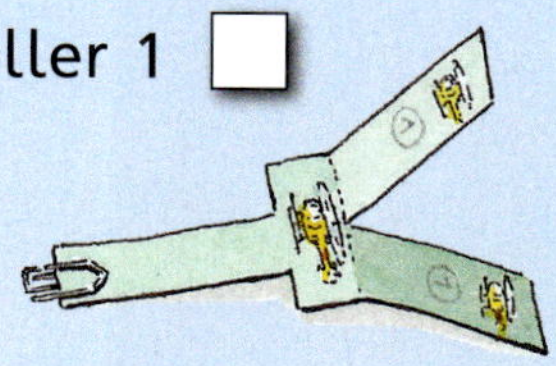

Propeller 2 ☐

4 Begründung: Warum flog Propeller ☐ länger als Propeller ☐ ?

____

____

Wir bauen Häuser aus Papier

1. Seite heraustrennen, Häuserfassade anmalen, falten.
2. Es können unterschiedliche Häuser entstehen, je nachdem, ob Seite 103 oder 104 angemalt werden.
3. Häuser zu einem Straßenzug formieren → Bauen eines Modells als Gemeinschaftsarbeit.

Wir bauen Häuser aus Papier

Verschiedene Fahrzeuge

○	○○	○○○	○○○○	○○○○+...
___	___	___	___	___

Die Abbildung besprechen. Verschiedene Fahrzeugtypen mit der jeweiligen Anzahl der Räder thematisieren.
Die Fahrzeuge mit 1,2 3, 4 oder mehr Rädern zählen. Die Anzahl jeweils unten notieren.

○ Lernsoftware: Nr. 63

Wir bauen Fahrzeuge

1 Versuche ein Fahrzeug nachzubauen.

2 Baue eigene Fahrzeuge.

Wir bauen einen Schachtelflitzer

Einen Schachtelflitzer selbst bauen!

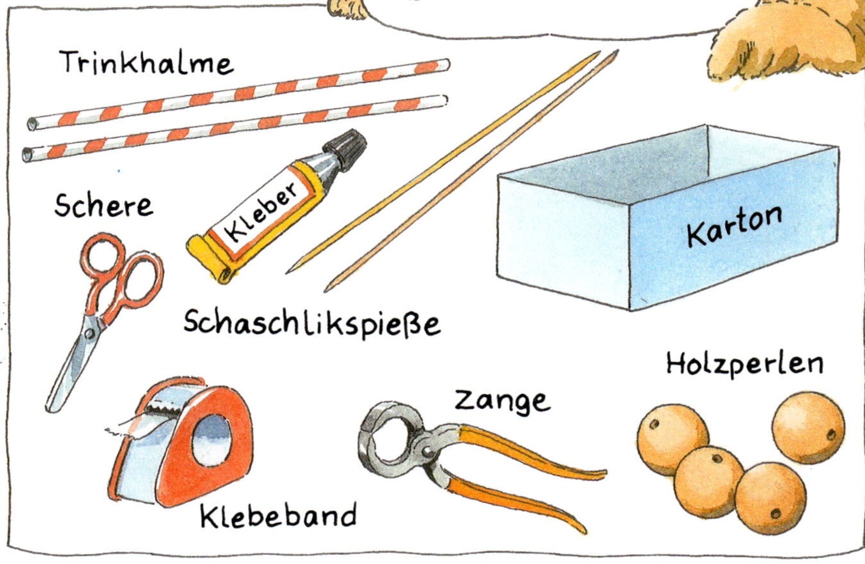

Die Trinkhalme mit Klebeband befestigen!

① 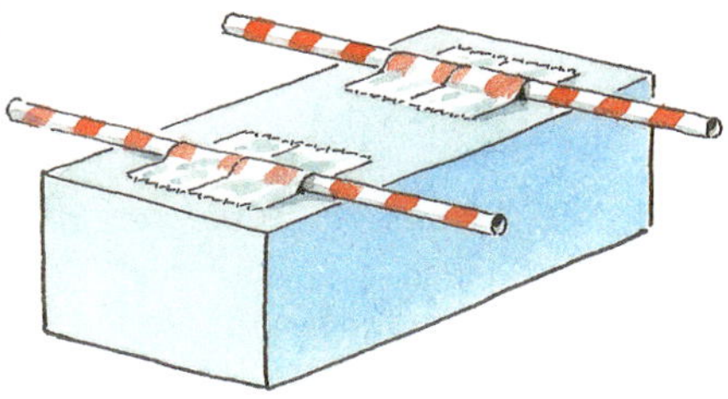

Die Enden abschneiden.

② 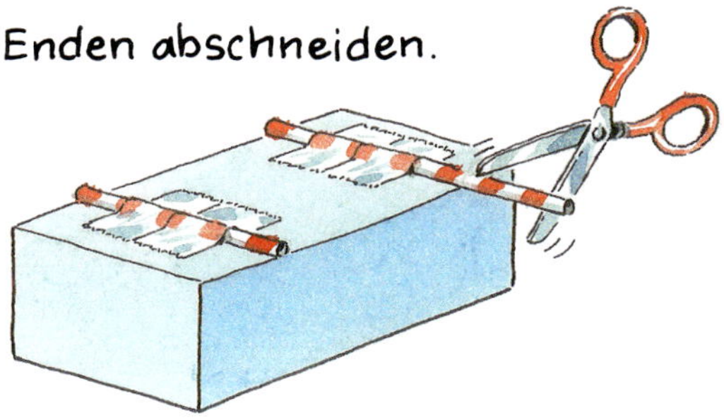

Holzperlen aufstecken.

③ 

Die Länge anpassen.

④ 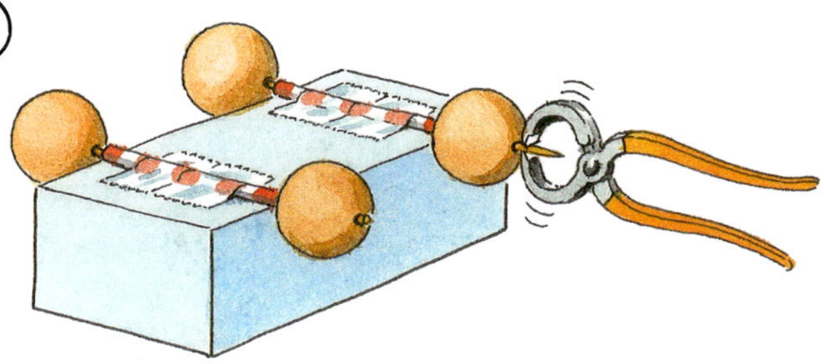

Solche Flitzer sind nicht schwer zu bauen!

Wir testen Fahrzeuge

Welches Auto rollt am weitesten?

1. Miss, wie weit dein Auto durch Anschubsen rollt.

   ____

2. Wie weit fährt es, wenn es von der Rampe rollt?

   ____

3. Wie weit rollt dein Fahrzeug, beladen mit einem Gewicht?

   ____

Fahrzeug-TÜV

1. Dein Fahrzeug fährt geradeaus.

   ◯ ja ◯ nein

2. Alle vier Räder drehen sich.

   ◯ ja ◯ nein

3. Alle vier Räder berühren den Boden.

   ◯ ja ◯ nein

Rätsel: Technik

(1) In dem Buchstabenrätsel sind 10 Berufe versteckt.
Übermale sie mit einem gelben Buntstift.

(2) Schreibe die Namen der Berufe unter das richtige Bild.

_ _ C H _ _ C K _ _

_ _ C H _ _ _ _ _

_ _ _ _ _ _ _ _

_ _ _ _ _ _ _

O	Z	I	M	M	E	R	E	R	N	N	U	R
I	G	H	O	A	L	M	A	O	M	R	R	S
H	E	I	Z	U	N	G	S	B	A	U	E	R
T	U	G	Ä	R	T	N	E	R	L	V	L	W
X	Y	Z	A	E	B	C	D	E	E	F	E	G
H	I	J	K	R	L	M	N	O	R	P	K	Q
G	E	R	Ü	S	T	B	A	U	E	R	T	R
S	T	U	V	T	I	S	C	H	L	E	R	W
X	Y	Z	A	B	C	D	E	F	G	H	I	J
K	L	M	N	A	R	C	H	I	T	E	K	T
O	P	Q	R	S	T	U	V	W	X	Y	E	Z
A	B	D	A	C	H	D	E	C	K	E	R	C

_ _ S C H _ _ _

_ _ _ _ _

_ _ _ _ _ _

_ _ _ _ _ _ B A U _ _

E _ _ _ _ _ _ _ _ _

_ E I _ _ _ _ _ _ A U _ _

54/
55
←

Lernsoftware: Nr. 35, 36

↓112/113

22/
23
←

Lernsoftware: Nr. 37, 38

↑110/111

↓140/141

Links – Rechts – Geradeaus (1)

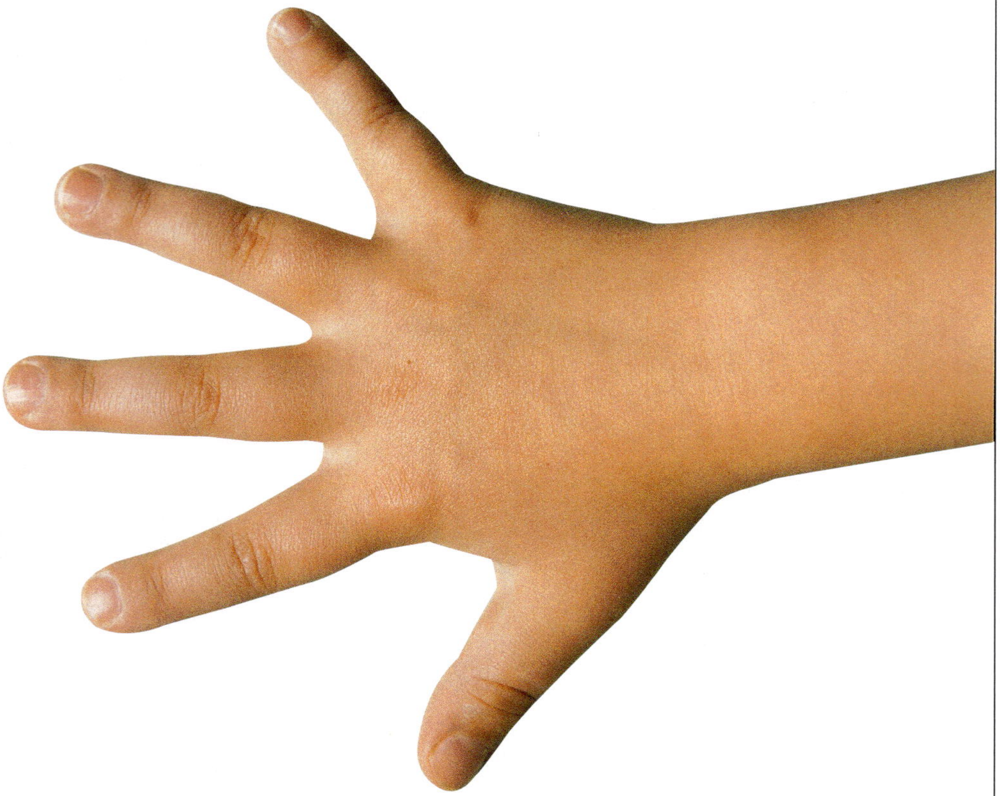

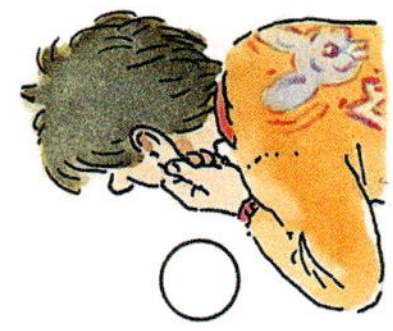

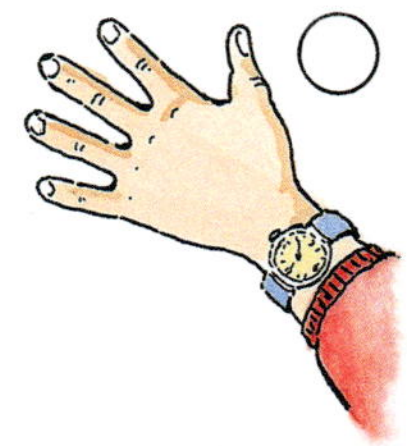

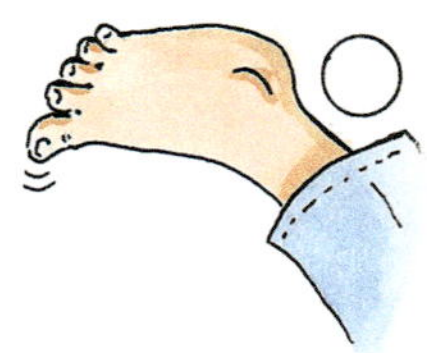

Die Kinder umfahren ihre linke Hand im freien Feld mit einem Stift.
Die Abbildungen besprechen. Mit der richtigen Farbe den Kreis ausmalen (links: blau, rechts: rot).

- Lernsoftware: Nr. 39, 40

Links – Rechts – Geradeaus (2)

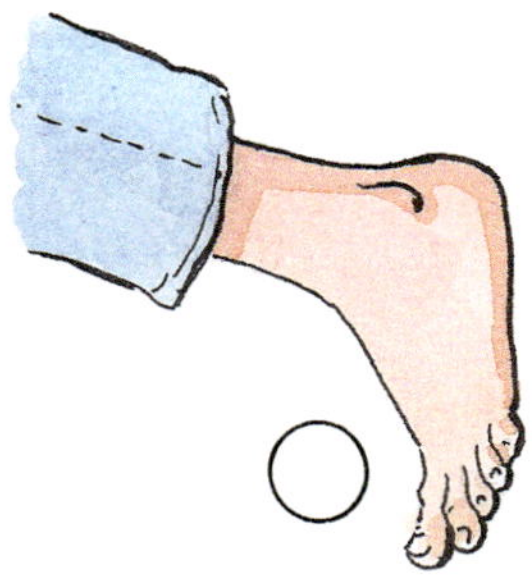

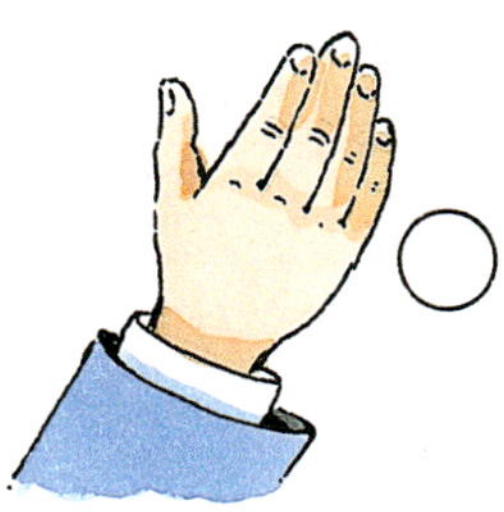
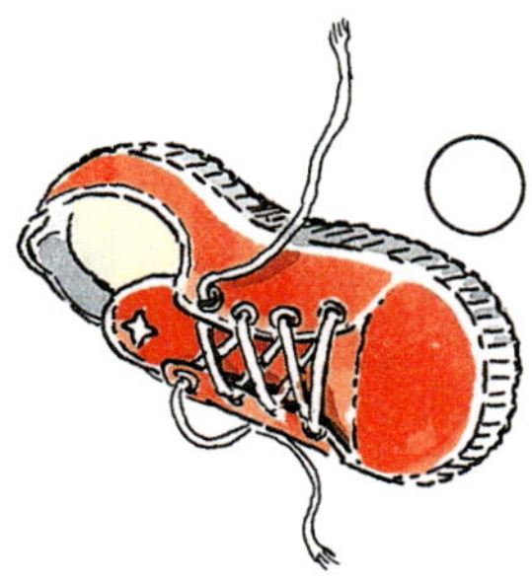

Die Abbildungen in der ersten und zweiten Reihe besprechen. Die Richtung benennen. In den Kreisen kennzeichnen, nach links (blau), nach rechts (rot), geradeaus (schwarz). Danach in die Abbildungen (höherer Schwierigkeitsgrad) in der dritten und vierten Reihe besprechen. In den Kreisen links (blau) oder rechts (rot) kennzeichnen.

○ Lernsoftware: Nr. 39, 40

oben: Über die Wirkung von dunklen, hellen und leuchtenden Farben in der Dunkelheit sprechen. Die weiße Figur mit leuchtenden Farben anmalen.

unten: Ein Kind wird mit hellen Farben angemalt, ein Kind mit dunklen. Danach wird der Hintergrund dem oberen farblich angepasst ausgemalt. Die Wirkung besprechen, wie gut oder schlecht sich Farben in der Dunkelheit erkennen lassen.

- Lernsoftware: Nr. 41, 42

118 →

Das Verhalten der Verkehrsteilnehmer an der roten Ampel besprechen. Die Ausschneideampel von Seite 163 zusammenkleben und mit der Farbe „Rot" auflegen (Fußgänger stehend = rote Fußgängerampel).
Auflegen der Faltseite 163 (Einsatz siehe Schema Seite 162, nun die Fußgänger gehend = grüne Fußgängerampel daher die Ausschneideampel (Ampel: grün) anpassen. Das Überqueren einer Straße an einer Ampel besprechen.
Lernsoftware: Nr. 38

117 ←

Das Überqueren einer Straße mit den Phasen **‚Stehen – Sehen – Gehen'** erarbeiten. Dazu werden die Ausschneidefiguren von Seite 163 gefaltet und zusammengeklebt. Danach wird zur Festigung die Faltseite 164 (siehe Seite 162) aufgelegt. Die dargestellten Phasen **‚Stehen** – nach links, nach rechts, nach links **Sehen – Gehen'** (dabei ab Straßenmitte nach rechts sehen) werden besprochen. Zur Verdeutlichung des freien Überquerens einer Straße kann die Seite 119 nach hinten umgeschlagen werden.

120 →

Das Verhalten von wartenden Personen am Zebrastreifen und von sich verkehrswidrig verhaltenden Personen besprechen (Warten am Bordstein, möglicherweise Blickkontakt mit Fahrer, Spielen am Straßenrand). Korrektur und Ergänzung der Szene durch Auflegen der Faltseite 164 (siehe Seite 162). Das Überqueren des Zebrastreifens besprechen (zügig gehen, möglichen herannahenden Verkehr im Auge behalten). Dauerhafte Fehlerkorrektur: siehe Hinweis auf Seite 120.

- Lernsoftware: Nr. 38

119 ←

Die Verkehrssituationen um den haltenden Schulbus herum besprechen. Die Kinder, die sich verkehrswidrig verhalten, werden benannt. Korrektur und Ergänzung der Szene durch Auflegen der Faltseite 164 (siehe Seite 162). Die veränderten Verhaltensweisen der Personen besprechen. Um dauerhaft das korrekte Verhalten im Straßenverkehr zu zeigen, kann die Faltseite 164 mit einer Büroklammer fest fixiert werden.

Lernsoftware: Nr. 38

Verkehrszeichen auf Schulwegen (1)

Tim geht auf einem Weg, den Fußgänger und Radfahrer gemeinsam nutzen.

Johanna geht zu Fuß zur Schule. Der Weg ist für Fußgänger und Radfahrer getrennt.

Tobias ist in der vierten Klasse. Er fährt mit dem Fahrrad zur Schule und benutzt den Radweg.

Lena muss an einer Baustelle sehr gut aufpassen. Fast der ganze Gehweg ist abgesperrt.

Vor der Schule können Arne und Maren auf dem Fußgängerüberweg die Fahrbahn sicher überqueren.

Kennst du dich aus?

(1) Trage die Buchstaben richtig in die Fotos ein:

(E) Baustelle,

(L) Fußgängerüberweg,

(P) nur für Radfahrer,

(A) für Fußgänger und Radfahrer gemeinsam,

(M) für Fußgänger und Radfahrer getrennt.

(2) Lösungswort:

Der sichere Weg zur Schule

1 Suche die sichersten Schulwege für Anne (Grün), Karin (Rot) und Sven (Blau). Zeichne die Wege in den Plan ein.

2 Auf welche Gefahren müssen die Kinder achten? Kreuze in der Abbildung an.

Verkehrszeichen auf Schulwegen (2)

(1) Welche Verkehrszeichen gehören in die freien Flächen?
Schneide die Verkehrsschilder aus und klebe sie in das richtige Bild?

(2) Schreibe unter die Bilder: **Nur für Radfahrer – Nur für Fußgänger – Radfahrer und Fußgänger gemeinsam – Radfahrer und Fußgänger getrennt – Achtung Baustelle! – Fußgängerüberweg.**

(1) ______________________

(2) ______________________

(3) ______________________

(4) ______________________

(5) ______________________

(6) ______________________

Sicher im Verkehr

(1) Kreuze die richtigen Verhaltensregeln an.

☐ Autofahrer sehen das Kind nicht. Es muss vorsichtig nach vorn auf die Fahrbahn schauen.

☐ Zwischen parkenden Autos darf man über die Fahrbahn laufen.

☐ Keine Gefahr für den Fußgänger. Bei Einfahrten müssen die Autofahrer aufpassen.

☐ Der Fußgänger muss besonders aufpassen. Autofahrer könnten ihn übersehen.

☐ Das Kind geht vorsichtig auf dem Gehweg weiter.

☐ Das Kind benutzt die Fahrbahn.

☐ Die Kinder können sofort gehen. Autofahrer halten ja an.

☐ Die Kinder gehen erst, wenn der Autofahrer angehalten hat.

☐ Das Kind wartet, bis der Bus weggefahren ist. Nun sieht es, ob die Fahrbahn frei ist.

☐ Das Kind geht flott hinter dem Bus über die Fahrbahn.

☐ Wenn die Kinder gut auf den Ball aufpassen, dürfen sie hier spielen.

☐ Das Spielen auf diesem Gehweg ist zu gefährlich.

Lernsoftware: Nr. 45

Mit dem Fahrrad unterwegs

Die Kinder benutzen mit dem Fahrrad den Gehweg, wenn sie nicht älter als 10 Jahre sind. Radfahrer müssen auf Fußgänger Rücksicht nehmen.

Die Radfahrer wollen die Fahrbahn überqueren. Sie steigen ab und warten, bis die Fahrbahn frei ist. Beim Überqueren schieben sie die Fahrräder.

Der Fahrradhelm ist wichtig – nur sitzen muss er richtig!

Rätsel: Verkehr

Du hast viel über richtiges Verhalten im Verkehr gelernt. Entscheide bei den sechs Aufgaben, was richtig und was falsch ist. Kreise den Buchstaben bei der richtigen Lösung ein. Male jedes Feld mit diesem Buchstaben unten im Lösungsfeld an.

Sitzt der Fahrradhelm richtig?

ja A

nein B

Geht Lisa auf der richtigen Seite?

ja I

nein K

gemeinsamer Weg für Radfahrer und Fußgänger D

getrennter Weg für Radfahrer und Fußgänger E

Radfahrer schieben das Fahrrad beim Überqueren der Fahrbahn.

richtig L

falsch M

Wer kommt auf seinem sicheren Schulweg an der Bäckerei vorbei?

Anne G

Sven H

Die Bauarbeiter achten auf mich. Ich kann einfach an der Baustelle vorbeigehen.

richtig O

falsch P

Lösungsfeld:

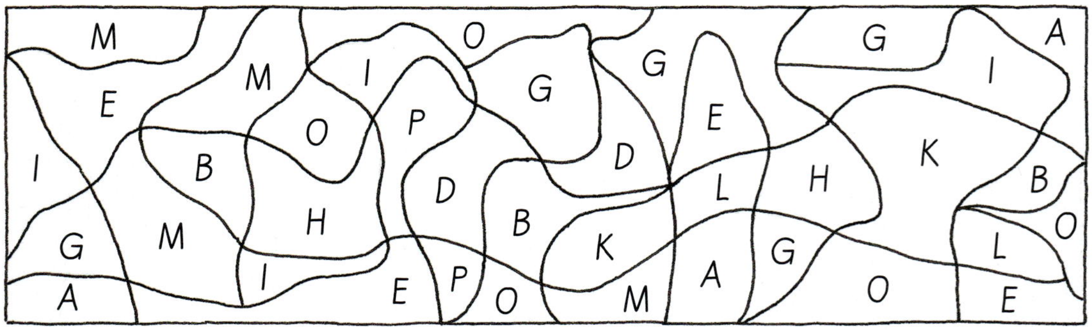

Du kannst vergleichen, ob deine Lösung richtig ist, wenn du den unteren Teil dieser Seite an der Faltlinie nach oben faltest.

(falten)

Hier wohnen Lisa und Tom

- Lisas Zimmer 
- Küche 
- Badezimmer 

- Toms Zimmer 
- Wohnzimmer 
- Schlafzimmer 

1. Die Kinder beschreiben die Wohnung von Lisa und Tom.
2. Die Zimmer von Lisa und Tom werden gesucht.
   Die anderen Zimmer werden benannt und mit den dazugehörenden Farben markiert.

Ansichten eines Kinderzimmers

Zimmer oben betrachten und mit Lageangaben beschreiben lassen.
Das Bild des Betrachters den unteren vier Ausschnitten zuordnen und die entsprechende Ziffer dort eintragen.

Ein Modell des Klassenraums

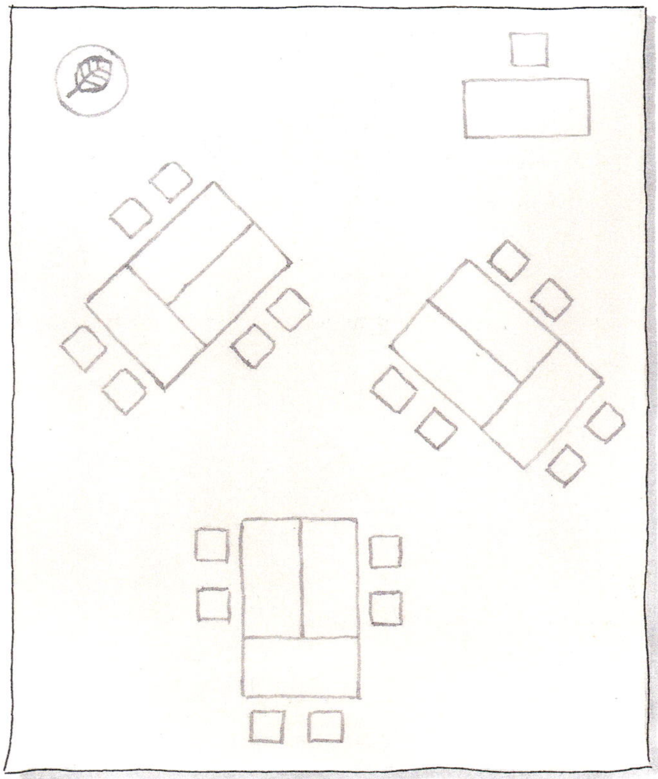

Die Kinder der zweiten Klasse haben ein Modell ihres Klassenraums gebaut. Mithilfe des Modells konnten sie einen Plan zeichnen. Die Stühle haben sie nachträglich eingezeichnet.

1. Vergleiche das Bild des Klassenraums mit dem Plan. Welche Möbel haben die Kinder gezeichnet?

2. Beschreibe, wie die Kinder die Pflanze dargestellt haben.

Werkstatt

Skizzieren und zeichnen (Teil 1)

Wir zeichnen einen Plan des Klassenraums

Du brauchst: Bausteine, eine große Pappe, einen Schraubverschluss einer Trinkflasche, eine Liste der Möbel.

❶ Schreibt auf, welche Möbel ihr nachbauen wollt. Stellt das Material für das Modell des Klassenraums zusammen.

❷ Legt die Bausteine zu Tischgruppen zusammen. Ordnet sie auf der großen Pappe richtig an.

❸ Umfahrt mit einem Stift auf der großen Pappe nacheinander die Gegenstände. Danach werden sie entfernt.

❹ Umfahrt nun nacheinander die einzelnen Bausteine der Tischgruppe.

❺ Zeichnet nacheinander alle Tischgruppen in den Plan ein.

❻ Zeichnet zum Schluss die Stühle als kleine Quadrate in den Plan.

Oben, unten und noch mehr

Das Bild besprechen. Die in den Zauberspiegeln gezeigten Situationen im Bild aufsuchen und die Lagebeziehungen angeben. Einfache und komplexe Angaben sind möglich, z. B. **blauer Spiegel:** Das Gespenst steht vor der Burg. / Das Gespenst steht rechts unten vor der Burg.

- Lernsoftware: Nr. 47

Wo sind die kleinen Gespenster?

Trage die Nummern (1) bis (17) ein.

auf: ______ vor: ______ neben: ______

unter: ______ hinter: ______

in: ______ zwischen: ______

Wir erkunden das Schulgelände

Die Kinder haben das Gelände der Schule erkundet. Anschließend haben sie einen Plan gezeichnet.

(1) Betrachte das obere Bild. Beschreibe das Schulgelände.

(2) Vergleiche den Plan mit dem Bild oben. Nenne Unterschiede.

(3) Auf dem Plan sind Dinge mithilfe von Zeichen dargestellt. Nenne die Zeichen und ihre Bedeutung.

Werkstatt

Skizzieren und zeichnen (Teil 2)

Wir zeichnen einen Plan des Schulgeländes

1 Erkundet euer Schulgelände.

2 Zeichnet eine Skizze des Schulgeländes.

3 Besorgt die Materialien.

4 Nehmt verschiedene Kartons für die Gebäude. Gestaltet Bäume und Büsche. Ordnet alles richtig zu.

5 Umfahrt die Schachteln mit einem Stift und entfernt sie.

6 Erfindet Zeichen und klebt sie an den passenden Stellen auf.

Wir trennen Abfälle

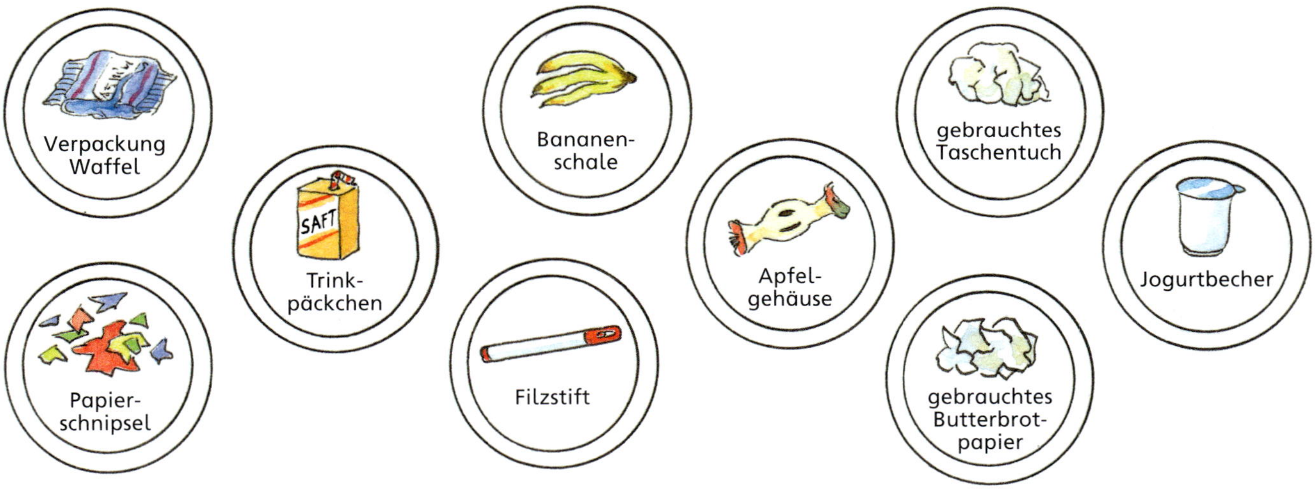

Kreise um die Abfälle in der Farbe des richtigen Behälters anmalen, dann mit Strichen zuordnen.

Lernsoftware: Nr. 48

Abfall und Restabfall

Lernsoftware: Nr. 48

Abfalldetektive

Das Sortieren und Sammeln der Abfälle ist von Ort zu Ort unterschiedlich.

1. Wie werden bei euch Glas und Papier gesammelt?
2. Wo könnt ihr den Sondermüll abgeben?
3. Wie sortiert ihr in eurer Schule den Abfall?

Wohin mit den Abfällen?

(1) Trage die Namen der folgenden Abfälle in die richtigen Behälter ein:
Apfelmusglas – Blumen – Eierschalen – Filzstift – Gurkenglas – Karton – Milchtüte – Quarkbecher – Salatblätter – Schulheft – Zeitungen – Zahnbürste.

Restabfall

Gelber Sack

Altglas

Altpapier

Kompost

Lernsoftware: Nr. 48

(1) Das Gespenst möchte quer durch den Schlosskeller zum Ausgang.
Finde den Weg durch das Labyrinth. Zeichne den Weg mit dem Bleistift ein.

90/
91
←

Elektriker Pump
Elektriker Pump
Transporte aller Art mit Krause
11.45
21°C
Transporte aller Art
Transporte aller Art

↑112/113

W
N
S
O
ABC
1908
Heimatmuseum
KASSE
Große
Uhren-
Ausstellung
Eröffnung am
5. August 11 Uhr

Im Heimatmuseum

(1) Suche die Bilder in den Kreisen auf den Seiten 140 und 141.
Male die Bilder wie auf Seite 140 und 141 aus.

(2) Welche Gegenstände von früher und heute gehören zusammen?
Verbinde sie mit verschiedenen Buntstiften.

Meine ersten Lebensjahre (Buch)

Meine ersten 7 Jahre

(1)

1 Jahr

(2)

2 Jahre

(3)

3 Jahre

(4)

4 Jahre

(5)

5 Jahre

(6)

6 Jahre

(7)

7 Jahre

(8)

1. Die Seiten des Buches entlang der Schneidelinien ausschneiden.
2. Entsprechend der Anleitung auf der Rückseite (Seite 144) durch Einschneiden und Falten das Buch herstellen.

Lernsoftware: Nr. 53

Meine ersten Lebensjahre (Buch)

Eine Zeitleiste herstellen

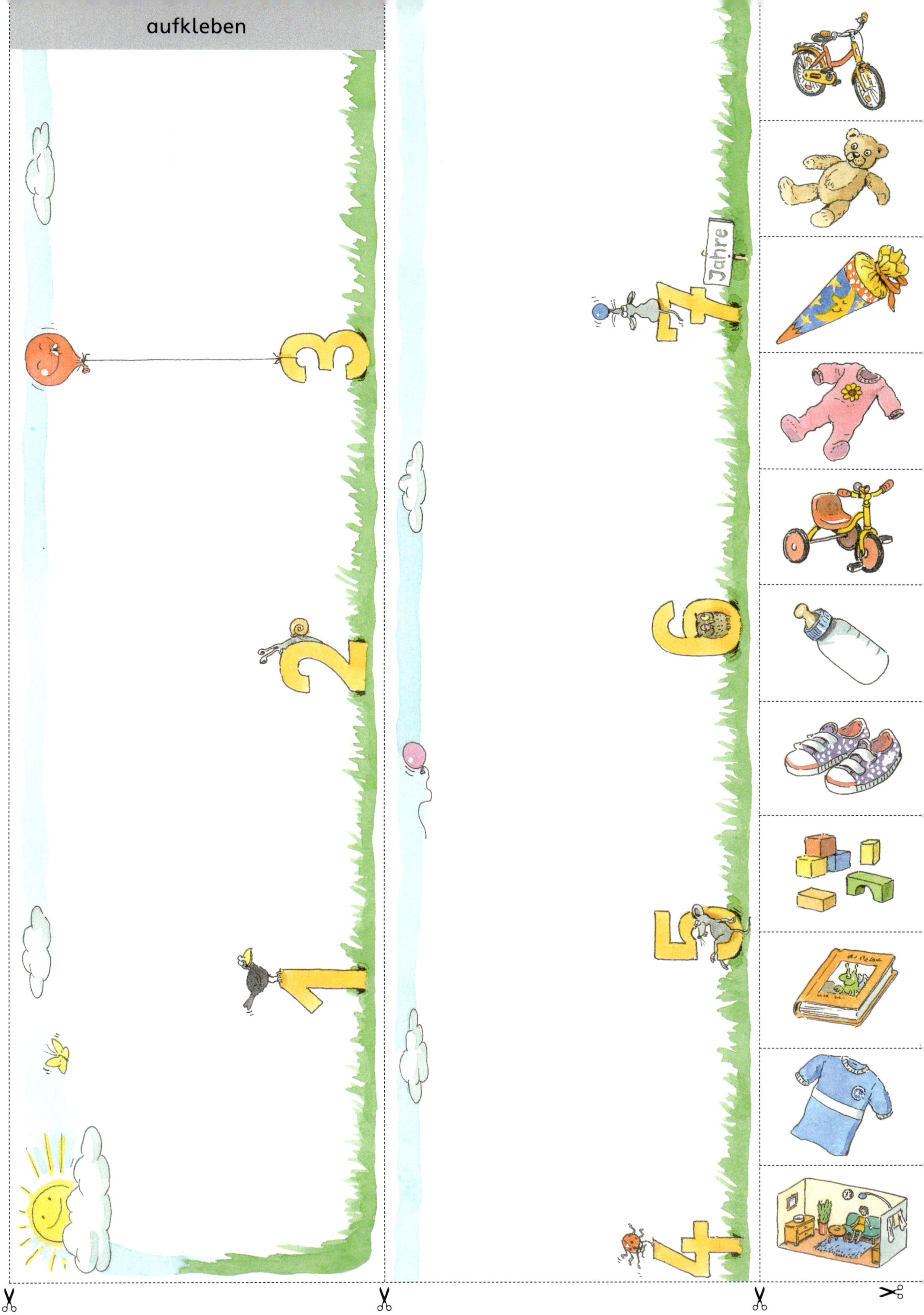

1. Die beiden Streifen und die Bilder am Rand ausschneiden. Die Streifen der Zeitleiste richtig aneinander kleben.
2. Die Bilder durchsehen (Vorder- und Rückseite), auf der Zeitleiste einem Lebensalter zuordnen und dann aufkleben.

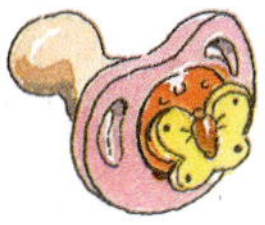

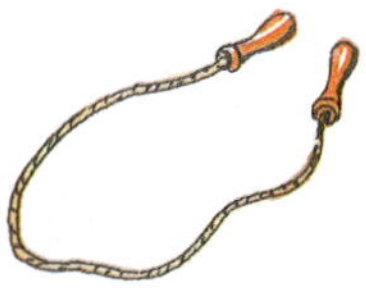

Ein Tag vergeht (1)

Mit Ausschneidebildern den Tageslauf nach eigenem Wunsch vervollständigen.

○ Lernsoftware: Nr. 54

Ein Tag vergeht (2)

Morgen

Vormittag

Mittag

Nachmittag

Abend

Nacht

Verbindungsstriche zwischen Bild und Tageszeit ziehen und eigenen Tageslauf malen.
Kinder zeichnen eigene Dinge ein, die für ihre Beschäftigungen stehen.

Lernsoftware: Nr. 54

Tag und Nacht (1)

Die beiden Abbildungen werden einzeln besprochen und dann verglichen. Die Kinder nennen die wichtigsten Unterschiede zwischen Tag und Nacht. Die Abbildungen auf der Seite 167 werden ausgeschnitten, die Bilder richtig zugeordnet und dann aufgeklebt.

- Lernsoftware: Nr. 55

Tag und Nacht (2)

Die vier Jahreszeiten (1)

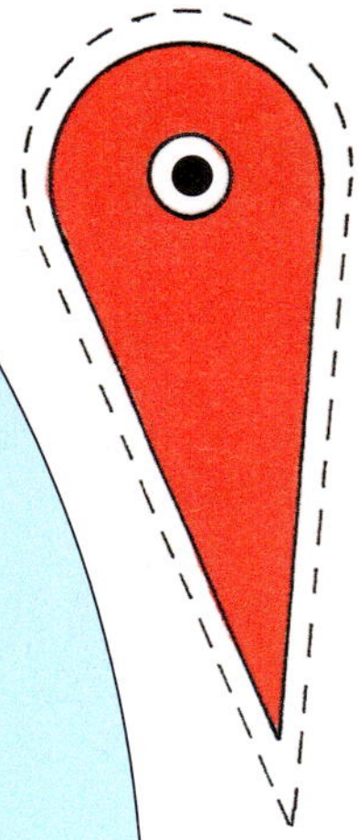

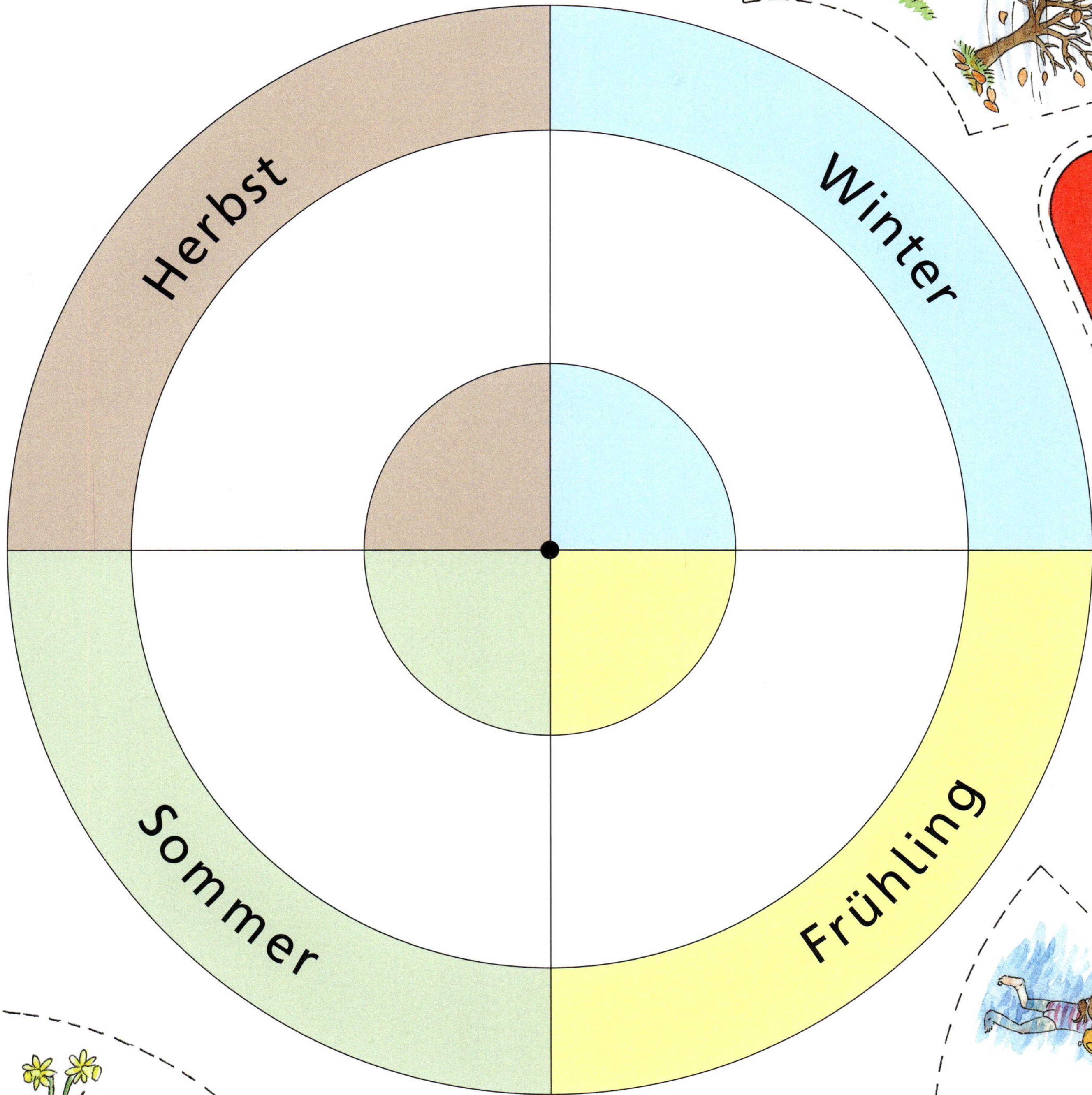

Wenn nur eine farbige Seite verwendet werden soll, kann die Seite zunächst auf dünne Pappe aufgeklebt werden. 1) Die Kinder schneiden die „Jahreszeitenuhr" und den Zeiger aus. 2) Mit der Bleistift- oder Scherenspitze werden bei beiden Teilen vorsichtig die schwarzen Mittelpunkte durchstochen. 3) Mit einer Musterklemme wird der Zeiger mit der runden Scheibe verbunden (siehe Seite 167). 4) Partnerarbeit: Ein Kind beschreibt ein Bild, das andere Kind nennt die Jahreszeit und stellt den Zeiger darauf.

Lernsoftware: Nr. 56

Die vier Jahreszeiten (2)

(1) Trage die Namen der Jahreszeiten und der Monate im Jahreskreis ein. Ergänze die Anzahl der Tage der einzelnen Monate in den Kreisen.

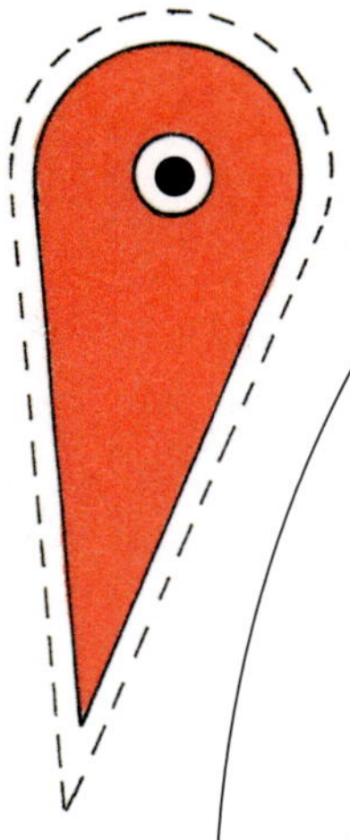

Wenn nur eine farbige Seite verwendet werden soll, kann die Seite zunächst auf dünne Pappe aufgeklebt werden. 1) Die Kinder schneiden die „Jahreszeitenuhr" und den Zeiger aus. 2) Mit der Bleistift- oder Scherenspitze werden bei beiden Teilen vorsichtig die schwarzen Mittelpunkte durchstochen. 3) Mit einer Musterklemme wird der Zeiger mit der runden Scheibe verbunden (siehe Seite 167). 4) Partnerarbeit: Ein Kind beschreibt ein Bild, das andere Kind nennt die Jahreszeit und stellt den Zeiger darauf.

Monat, Woche, Tag (1)

Es ist der 20. Januar. Petra hat heute Geburtstag. Alle freuen sich und gratulieren ihr. Marko schaut auf dem Geburtstagskalender in der Klasse nach, wer als nächster Geburtstag feiert.

Tim ist neugierig, wie lange er noch bis zu seinem Geburtstag warten muss. Er zählt die Tage auf dem Jahreskalender.

1 Welches Kind hat als Nächstes Geburtstag? Unterstreiche im Bild.

2 Wann ist der Geburtstag?

____

3 In welchen Monaten haben die anderen Kinder Geburtstag?

____

____

4 Welche Monate fehlen in diesem Geburtstagskalender?

____

____

Monat, Woche, Tag (2)

1 Das Jahr ist eingeteilt in 12 Monate, 52 Wochen und 365 Tage. Schau in einem Kalender nach. Schreibe die Namen der Monate in der richtigen Reihenfolge auf.

2 Trage ein, wie viele Tage jeder Monat in diesem Jahr hat.

	Monate	Tage
1.		
2.		
3.		
4.		
5.		
6.		
7.		
8.		
9.		
10.		
11.		
12.		

a

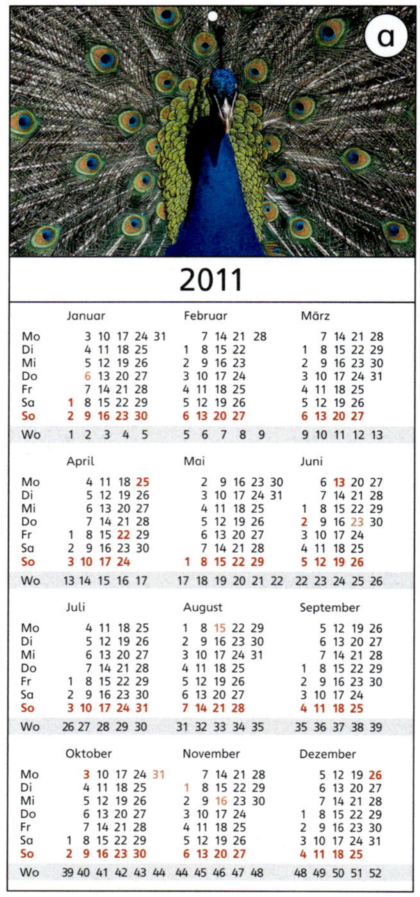

3 Es gibt viele verschiedene Kalender. Ordne die Buchstaben zu:

______ **Monatskalender**

______ **Tageskalender**

______ **Jahreskalender**

______ **Wochenkalender**

b

d

c

4 Suche aus einem Kalender das Datum heraus:

Ostersonntag: ____________________ Rosenmontag: ____________________

5 Auf welchen Wochentag fällt der Frühlingsanfang? ____________________

Auf welchen Wochentag fällt dein Geburtstag? ____________________

Lernsoftware: Nr. 57

Wir bauen eine Sanduhr

Du brauchst: *zwei 0,33 l Einwegflaschen mit Schraubdeckel, Hammer, Nagel, Klebstoff, Chinchilla-Sand aus dem Zoogeschäft.*

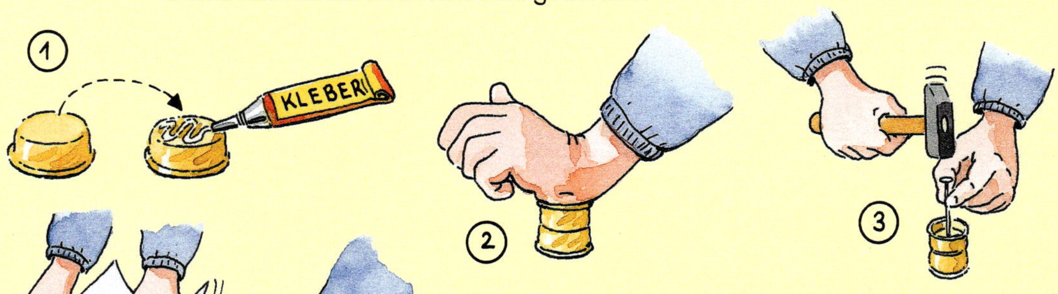

a) Der Sand braucht zum Durchlaufen in den Sanduhren unterschiedlich lange.
b) Besorgt einen Folienstift und eine Stoppuhr.
c) Das Kind mit der Stoppuhr sagt an, wenn eine Minute vorbei ist.
d) Das andere Kind zeichnet dort eine Linie auf die Flasche, bis wohin gerade der Sand steht.
e) Es schreibt an jede Linie die Minutenzahl.

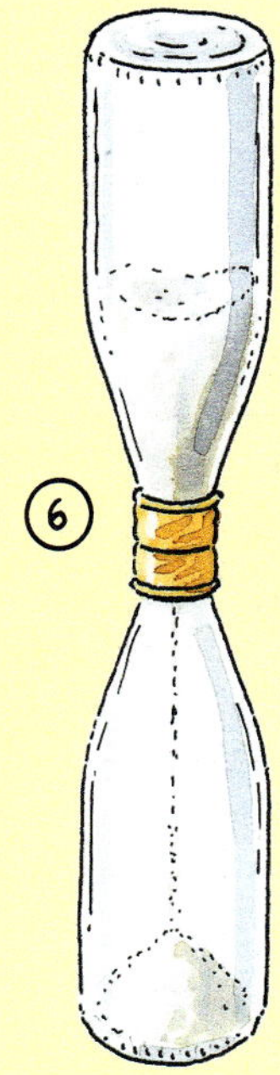

Mini-Sonnenuhr

Du brauchst: *Papier, einen Anspitzer, einen Bleistift, eine Uhr.*

1. Du kannst dir auch eine kleine Sonnenuhr mit einem Bleistift und einem Anspitzer bauen. Suche einen sonnigen Platz, zum Beispiel auf der Fensterbank.
2. Stelle deine „Mini-Sonnenuhr" auf ein Blatt Papier. Markiere jede Stunde den Schatten des Stiftes und notiere die Uhrzeit dazu.

Wir bauen eine Sonnenuhr

Du brauchst: *einen Eimer, Sand, eine Uhr, einen Besenstiel.*

1. Suche einen sonnigen Platz auf dem Schulhof.
2. Stecke den Besenstiel in den mit Sand gefüllten Eimer. Zu jeder vollen Stunde markierst du den Schatten mit Kreide. Notiere die Uhrzeit.

Uhren zeigen die Zeit an (1)

Der kürzere Zeiger zeigt die Stunden an, der längere Zeiger die Minuten.

Manche Uhren haben auch einen Sekundenzeiger.

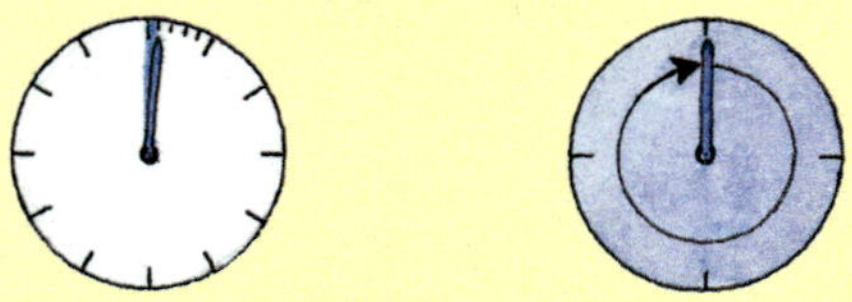

1 Minute *1 Stunde*

Minutenzeiger

Wenn sich der Minutenzeiger einmal ganz um das Zifferblatt herumbewegt hat, ist eine Stunde vergangen.

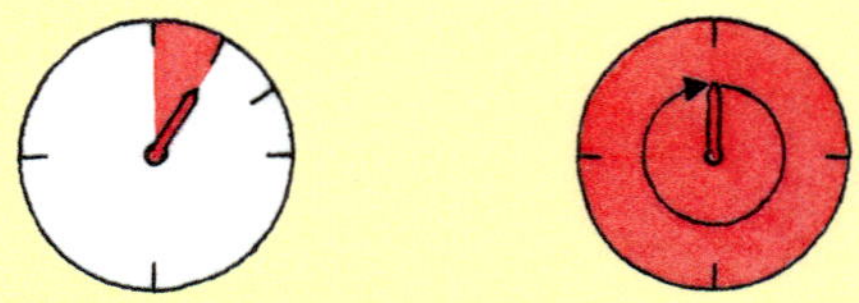

1 Stunde *12 Stunden*

Stundenzeiger

Wenn sich der Stundenzeiger einmal ganz um das Zifferblatt herumbewegt hat, sind zwölf Stunden vergangen.

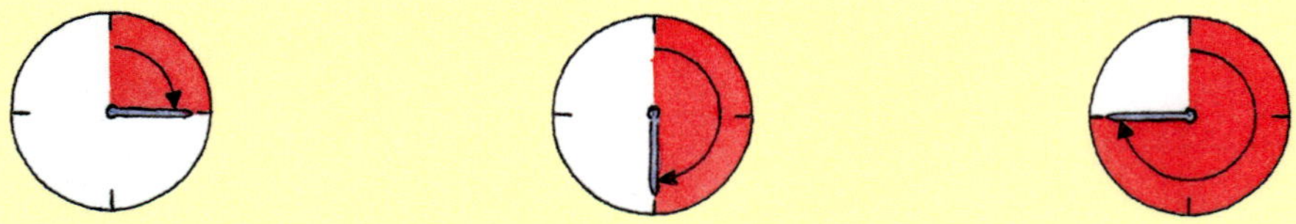

eine Viertelstunde (15 Minuten) *eine halbe Stunde (30 Minuten)* *eine Dreiviertelstunde (45 Minuten)*

Mit dem Minutenzeiger liest du Viertelstunden, halbe Stunden und Dreiviertelstunden ab.

1 Am Vormittag und Nachmittag liest du diese Uhren ab. Trage die Uhrzeit ein.

______ Uhr ______ Uhr ______ Uhr ______ Uhr

Lernsoftware: Nr. 58, 59

Uhren zeigen die Zeit an (2)

1 Es gibt viele verschiedene Uhren. Ordne die Uhren den Namen zu.

(1)

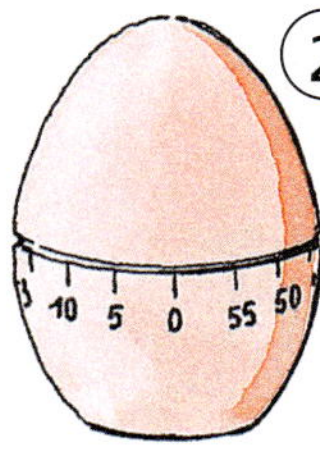

(2)

(3)

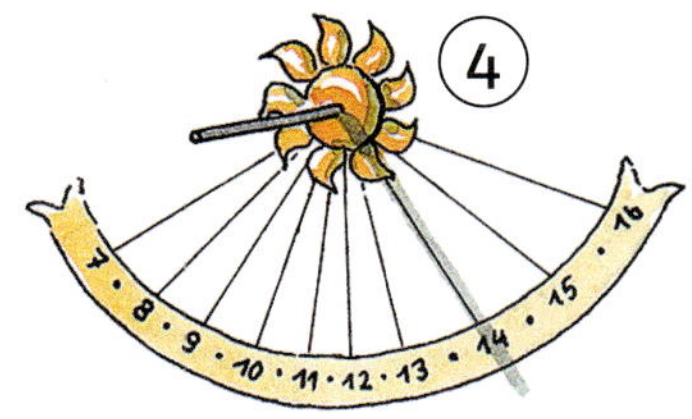
(4)

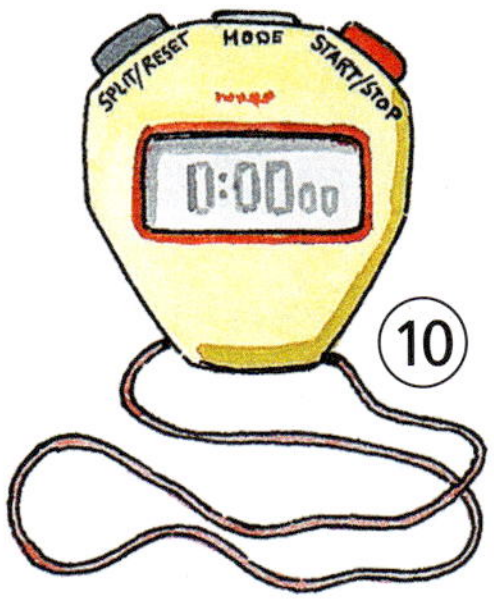

(10)

_____ Standuhr	_____ Turmuhr
_____ Stoppuhr	_____ Sonnenuhr
_____ Kuckucksuhr	_____ Wecker
_____ Armbanduhr	_____ Taschenuhr
_____ Sanduhr	_____ Küchenwecker

(5)

(9)

(8)

(7)

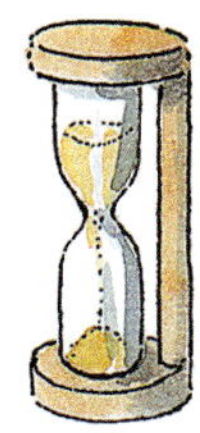
(6)

2 Lies die Uhrzeit ab. Trage jeweils zwei Uhrzeiten ein.

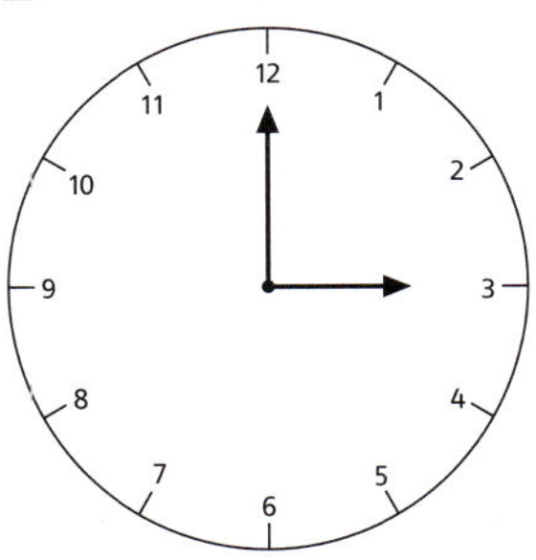
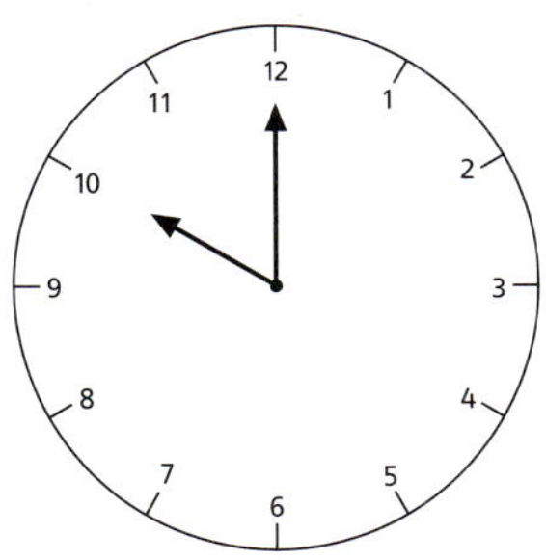
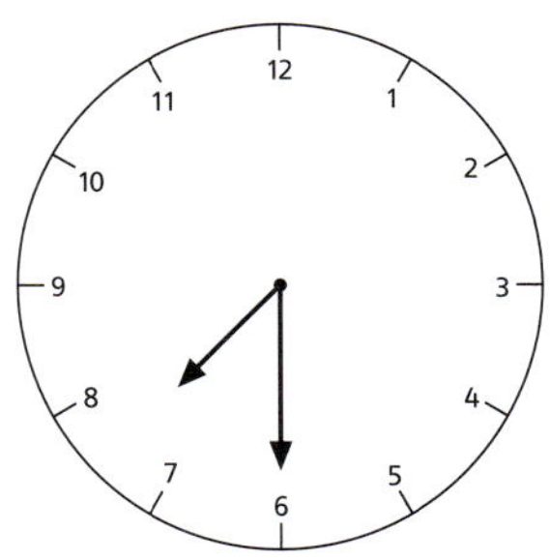
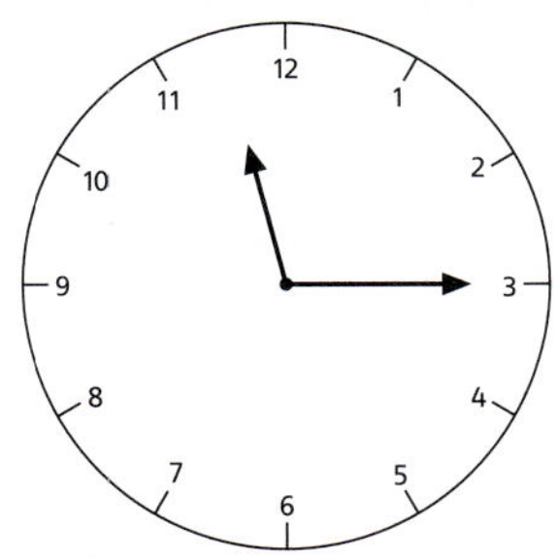

Es ist _______ Uhr. Es ist _______ Uhr. Es ist _______ Uhr. Es ist _______ Uhr.

Es ist _______ Uhr. Es ist _______ Uhr. Es ist _______ Uhr. Es ist _______ Uhr.

3 Unter jeder Uhr steht eine Uhrzeit. Zeichne die Zeiger ein.

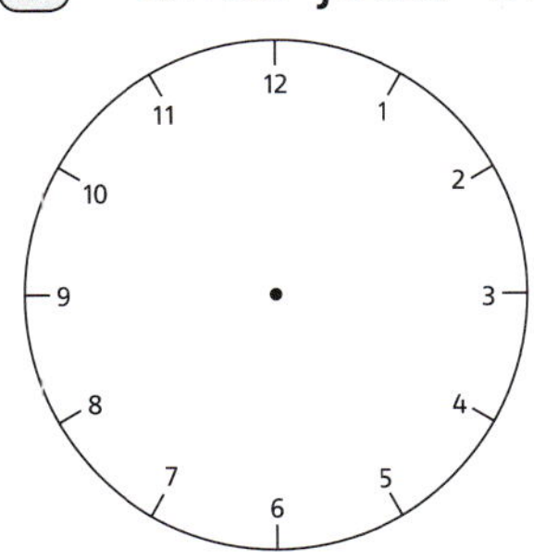
Es ist 17 Uhr.

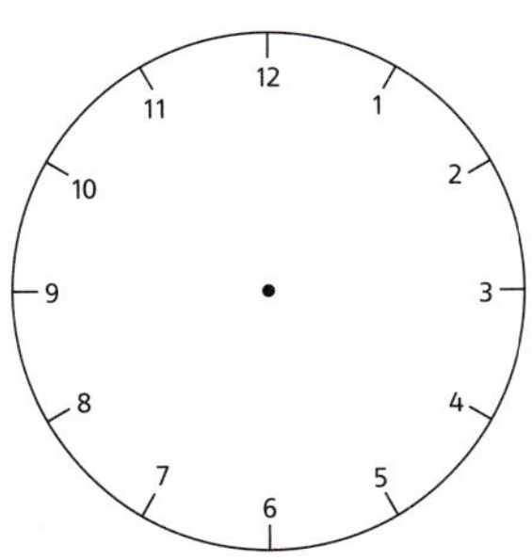
Es ist 9 Uhr.

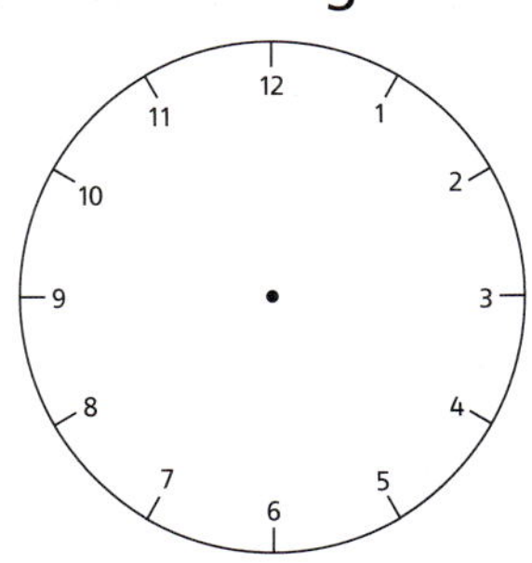
Es ist 14.30 Uhr.

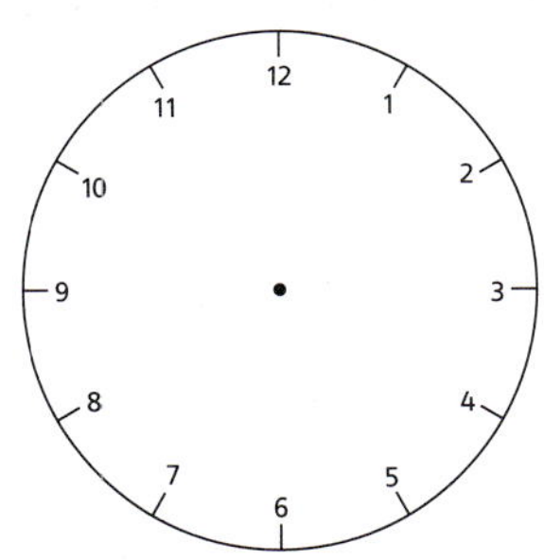
Es ist 21.45 Uhr.

Rätsel: Zeit

1 Wie viele Uhren siehst du im Uhrengeschäft? ____________

2 Welche Uhren gehen falsch und zeigen nicht 4.00 Uhr oder 16.00 Uhr an? Kreise diese mit einem roten Buntstift ein.

3 Welche drei Uhren können die aktuelle Uhrzeit nicht anzeigen?

________________________ ________________________ ________________________

4 Nenne den Wochentag im Bild. ________________________

5 Nenne auch den Monat ________________ und die Jahreszeit ________________ .

Was ich im Sachunterricht gelernt habe (1)

Lies und kreuze das Zutreffende an. Setze an die Stelle der Punkte ... deine Bewertung ein.

Beispiel: Ich weiß – gut –, wie Amsel und Meise leben.
Ich kenne meinen Schulweg – richtig gut –.
Ich kann Pflanzen – richtig gut – vermehren und eintopfen.

Gesellschaft		noch nicht so gut	gut	richtig gut
Ich weiß	..., wie ich mich in der Schule zu verhalten habe.			
Ich kenne	die Klassenregeln			
Ich kann	*mit anderen Kindern ... Regeln finden und akzeptieren.*			
Ich kann	*... die STOPP-Regel anwenden.*			
Ich weiß	..., was ich mache, wenn ich wütend bin.			
Ich weiß	..., welche Aufgaben es innerhalb einer Familie gibt.			
Ich weiß	..., wie wir abstimmen.			
Ich kenne	die Berufe, die die Erwachsenen an meiner Schule ausüben			

Natur				
Ich kenne	die verschiedenen Pflanzen in unserem Klassenraum			
Ich kann	*Pflanzen ... vermehren und eintopfen.*			
Ich kenne	mindestens vier verschiedene Laubbäume			
Ich kann	*die Blätter von Laubbäumen ... zeichnen.*			
Ich kenne	Merkmale von Laub- und Nadelbäumen			
Ich kenne	Tiere und Pflanzen vom Waldrand			
Ich kenne	verschiedene Sträucher und ihre Früchte			
Ich weiß	..., wie Amsel und Meise leben.			
Ich weiß	..., wie Eichhörnchen und Baummarder leben.			
Ich kann	*... einen Steckbrief über Tiere schreiben.*			
Ich weiß	..., wie verschiedene Haustiere gepflegt werden und was sie fressen.			
Ich weiß	..., wie Kaninchen, Katze und Hund als Haustier leben.			
Ich kann	*mit Pflanzen und Tieren ... achtsam umgehen.*			
Ich weiß	..., dass die Kartoffel eine wichtige Nutzpflanze ist.			
Ich kenne	die Teile, ... aus denen eine Pflanze besteht (z. B. vom Löwenzahn).			
Ich weiß	..., wie ich mich gesund ernähre.			
Ich weiß	..., welche Materialien Wärme leiten und welche Wärme isolieren.			
Ich weiß	..., welche Teile zu einem Thermometer gehören.			
Ich kann	*... Temperaturen von einem Thermometer ablesen.*			
Ich kann	*... eine Tabelle zeichnen und auswerten.*			
Ich kann	*... ein Experiment planen, durchführen und auswerten.*			
Ich weiß	..., dass es kein Leben ohne Wasser gibt.			
Ich kenne	die Wirkungsweise von Magneten			
Ich weiß	..., welche fünf Sinne es gibt.			
Ich kenne	die besonderen Leistungen von Auge und Ohr			
Ich weiß	..., wie ich meine Zähne pflege.			
Ich weiß	..., welche Gegenstände Magnete anziehen und welche nicht.			
Ich kann	*Versuche mit Magneten ... durchführen.*			

Was ich im Sachunterricht gelernt habe (2)

Lies und kreuze das Zutreffende an. Setze an die Stelle der Punkte ... deine Bewertung ein.

Beispiel: Ich weiß – gut –, wie Amsel und Meise leben.
Ich kenne meinen Schulweg – richtig gut –.
Ich kann Pflanzen – richtig gut – vermehren und eintopfen.

Technik		noch nicht so gut	gut	richtig gut
Ich kenne	verschiedene Materialien und kann sie ... unterscheiden.			
Ich kann	*... Modelle aus Papier bauen.*			
Ich kann	*... Formen sauber ausschneiden und falten.*			
Ich kann	*ein Modell nach Anleitung in mehreren Schritten ... bauen.*			
Ich kann	*kleine Fahrzeuge ... bauen.*			
Ich kann	*mit einfachen Werkzeugen (Hammer, Bohrer, Zange) ... umgehen.*			
Ich weiß	..., welche Handwerker ein Haus bauen.			

Raum		noch nicht so gut	gut	richtig gut
Ich kenne	die Richtungen (oben, unten, links, rechts, geradeaus)			
Ich kenne	die gefährlichen Stellen auf meinem Schulweg			
Ich weiß	..., wie ich mich auf meinem Schulweg verhalte.			
Ich kenne	die Verkehrszeichen auf meinem Schulweg			
Ich kann	*eine Straße (ohne Ampel und ohne Zebrastreifen) ... überqueren.*			
Ich kann	*eine Straße mit Zebrastreifen ... überqueren.*			
Ich kann	*eine Straße mit Fußgängerampel ... überqueren.*			
Ich kenne	die Regeln ..., wenn ich mit dem Fahrrad auf dem Fußweg fahre.			
Ich kann	*mein Fahrrad (Bremsen, Ausweichen, Spurwechsel) ... sicher beherrschen.*			
Ich weiß	..., wie ich mich im (Schul-)Bus verhalte.			
Ich weiß	..., welche Kleidung ich im Straßenverkehr bei Dunkelheit trage.			
Ich kann	*ein Modell meines Klassenraumes ... bauen.*			
Ich kann	*einen Grundrissplan von meinem Klassenraum ... zeichnen.*			
Ich kann	*einen Grundrissplan von meinem Schulgebäude ... zeichnen.*			
Ich kann	*Müll richtig trennen und entsorgen.*			
Ich kenne	die Wege der verschiedenen Müllarten (z. B. Papier, Glas)			

Zeit		noch nicht so gut	gut	richtig gut
Ich kenne	die vier Jahreszeiten			
Ich kenne	die Namen der Wochentage und die Reihenfolge der 12 Monate			
Ich kenne	verschiedene Kalender			
Ich kann	*ein Datum auf einem Kalender ... finden.*			
Ich kann	*einen einfachen Kalender ... herstellen.*			
Ich kann	*die Uhrzeit von einer Uhr ... ablesen.*			
Ich kann	*Zeit ... messen.*			
Ich kann	*eine Sanduhr (oder eine andere Uhr) ... bauen.*			
Ich kann	*mich daran ... erinnern, was ich vor einem Jahr gemacht habe.*			

Pusteblume Poster (Anleitung)

Seite 54/55

Seite 110/111

Seite 22/23

Seite 112/113

Seite 90/91

Seite 140/141

Pusteblume-Straße (Anleitung)

Seite 116 bis 120: Die Pusteblume-Straße

Seite 117, 118, 119, 120 und Ausschneideseite 163/164: Die Faltseite

zu Seite 116 – 120

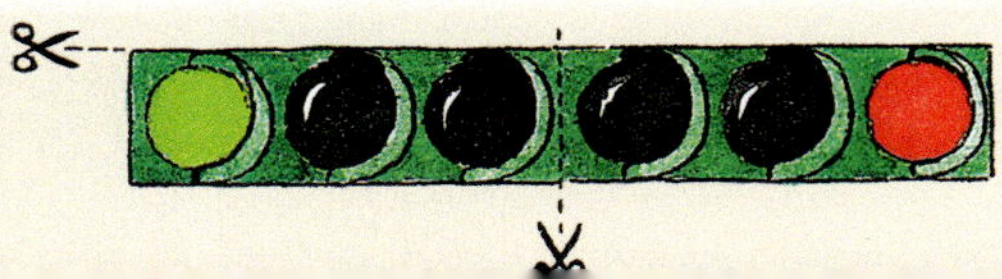

✂ zu Seite 116–120

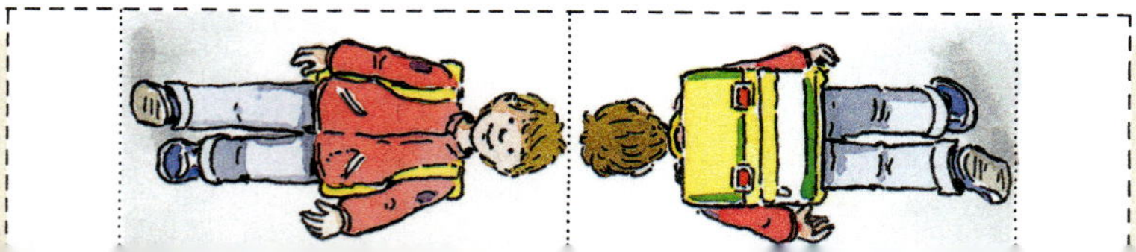

zu Seite 101

Die Kinder schneiden die Vorlagen aus und falten die Propeller nach der Anleitung auf Seite 101.

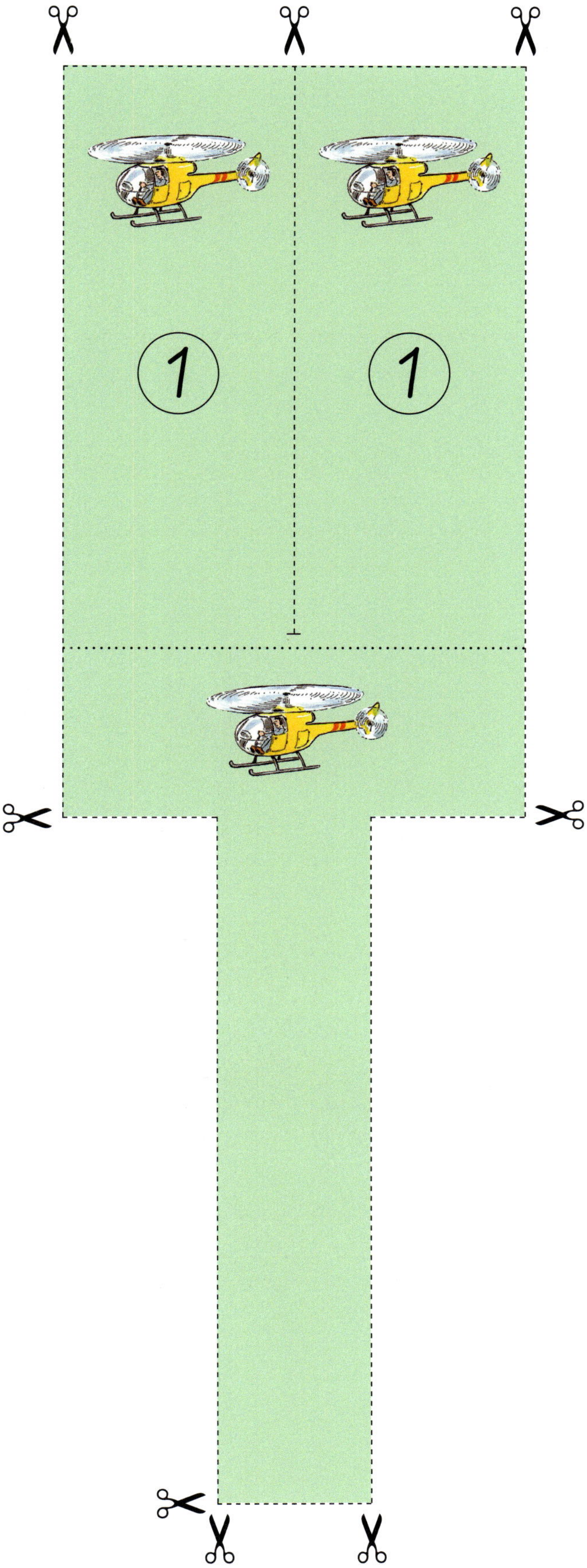

- - - - mit der Schere ausschneiden/einschneiden; ·········· diese Linie falten.

2
2

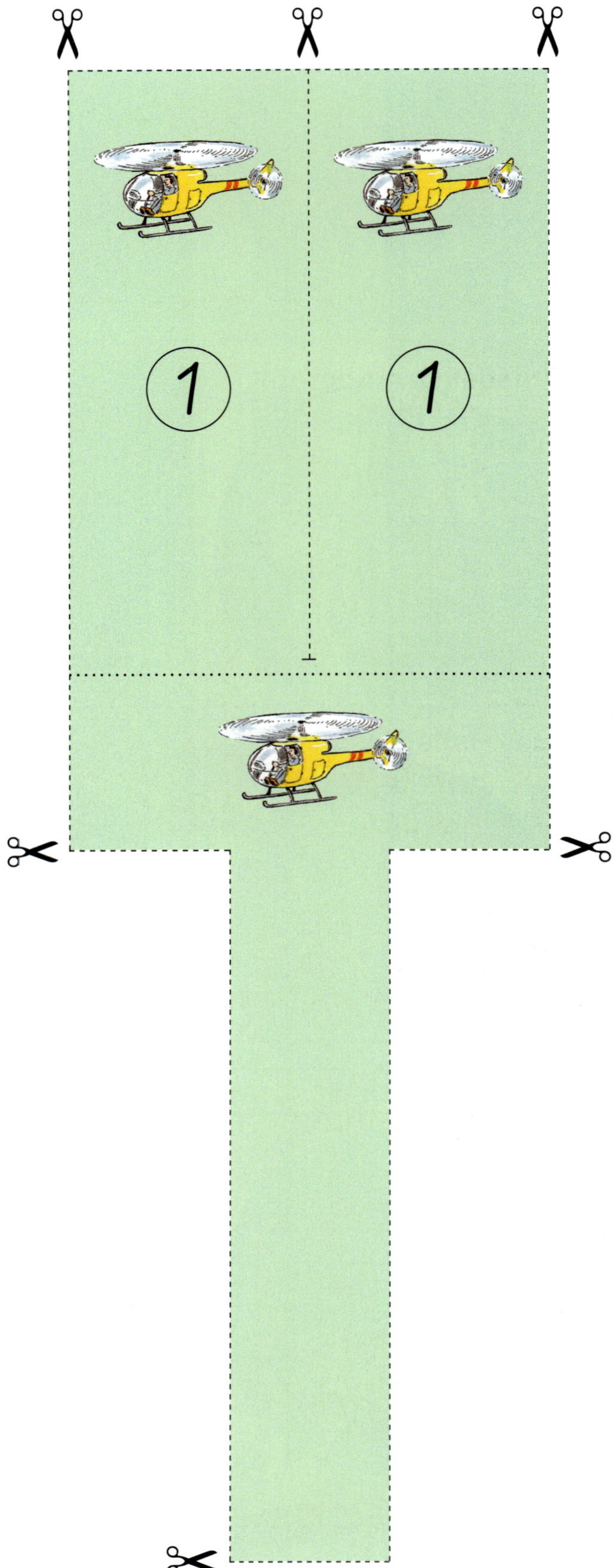
1
1

✂ zu Seite 69

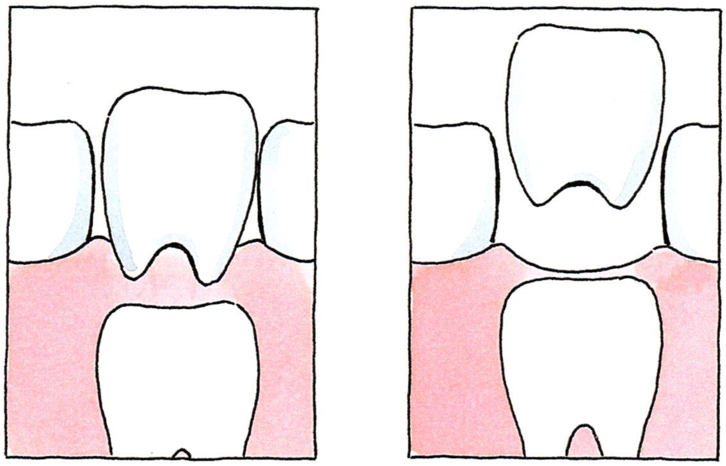

✂ zu Seite 149/150

✂ zu Seite 151/152

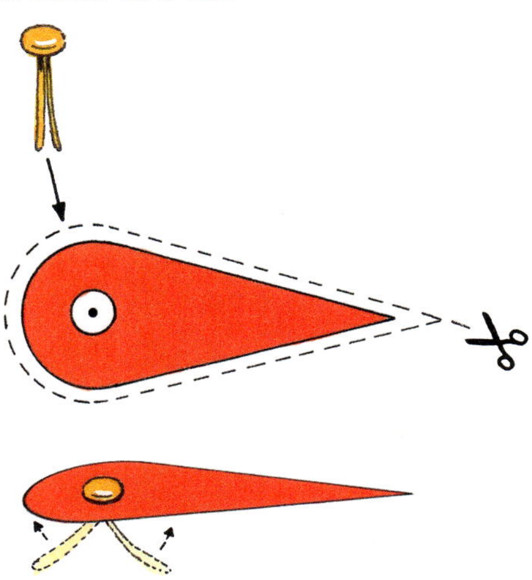

✂ zu Seite 66

Ulrike
SPIELE-TIMM
KIOSK
Schreibwaren
PC-Service
SCHULBUS
SCHULE
PIZZA
EIS-LUIGI
EIS

Computer von Kraus
bringen Freude ins Haus!
FC 09
ZIRKUS
KRAPELLI
STADT-
REKLAME

Pusteblume

Bäckerei
11:45
13
FEUERWEHR

Schroedel
BLUMEN
POLIZEI
AKTION
ZOO
Uwe
BST + GEMÜSE
9

Bussard
Wildschwein
Marder
Tiergehege